战国策

张洁 译

图书在版编目（CIP）数据

战国策 / 张洁译 . —北京：北京联合出版公司，2015.7（2022.8 重印）

（中华国学经典精粹）

ISBN 978-7-5502-4375-0

Ⅰ．①战… Ⅱ．①张… Ⅲ．①中国历史—战国时代—史籍 ②《战国策》—通俗读物 Ⅳ．① K231.04-49

中国版本图书馆 CIP 数据核字（2014）第 313643 号

战国策

作　　者：张　洁
责任编辑：李　征
封面设计：颜　森

北京联合出版公司出版
（北京市西城区德外大街 83 号楼 9 层　100088）
北京华夏墨香文化传媒有限公司发行
三河市东兴印刷有限公司印刷　新华书店经销
字数 130 千字　880 毫米 ×1230 毫米　1/32　5 印张
2019 年 5 月第 3 版　2022 年 8 月第 15 次印刷
ISBN 978-7-5502-4375-0
定价：36.00 元

前言

《战国策》主要记载了自春秋之后，一直到秦灭六国，约二百四十年（前460年—前221年）间，谋臣策士辅佐君主的活动和他们游说、辩论时所提出的种种政治主张和斗争策略，或者说是战国时代纵横家的言行总集。

《战国策》具体作者已不可考，成书年代约在战国末年或汉代初年，西汉刘向对其进行了校订和最后编订。经过刘向的整理，《战国策》按国别记述，依时间编排，去其重复，补其缺损，共成书三十三篇。东汉末年，高诱为其作注。后来，刘向集录本和高诱注释本在流传过程中有所散佚，至北宋中叶，经曾巩重新校正，补足了刘向集录本三十三篇。南宋姚宏、鲍彪，以及元代的吴师道皆有注本。现在流行的《战国策》共分三十三卷，总计四百九十余章，杂记东周、西周、秦、齐、楚、赵、魏、韩、燕、宋、卫、中山十二国的军政大事。

战国时代是中国社会由奴隶社会向封建社会过渡的时代，是一个前所未有的巨大变革的时代。《战国策》是这个时代的产物，其所反映的内容，既广泛又错综复杂，突出表现了战国时期政治动荡、矛盾重重的时代特点。

一方面，《战国策》记录了如苏秦、张仪、公孙衍、陈轸等游说之士为求一己之功名利禄，借三寸不烂之舌奔走于各国之间，游说诸侯，纵横捭阖，巧妙地利用各国间的利害关系，忽而连横，忽而合纵，或背盟相弃，或罢兵修好。

另一方面，《战国策》还赞颂了一些廉洁不屈的志士和舍生忘死的义士。冯谖高瞻远瞩为孟尝君“烧券买义”，荆轲舍生取义为燕太子丹“提一匕首入不测之强秦”；王斗敢言直谏当面讽刺齐宣王好马、好酒、好色，唯独“不好士”，唐雎更“挺剑而起”，以士怒则“伏尸二人，流血五步，天下缟素”折服暴秦。

此外，《战国策》也暴露和鞭挞了统治者的荒淫无耻、毒辣残暴。赵人李园为一己富贵先后将其妹进献给春申君和楚考烈王，又设计“尽灭春申君之家”，篡夺大权，阴险毒辣。楚怀王夫人郑袖阳奉阴违，两面三刀，用毒计谗害了魏美人。秦宣太后淫乱后宫，私爱面首魏丑夫，死后要其随葬。这些事例都充分暴露了战国时期贵族阶级为人的残暴和生活的腐朽。

《战国策》作为战国时代的基本史料，在流传和成书过程中难免杂有纵横家、策士采集引用的拟作、传说，有许多虚构和夸张的成分，不可尽信，这在一定程度上降低了战国策的史学价值。但它在文学方面所取得的成就，被历代研究者所认同。它的故事情节生动典型，上承《左传》，下启《史记》；人物刻画精雕细琢，不仅数量众多，而且个性分明；此外，语言表达生动精练，简明流利，善用寓言故事，把道理讲得深入浅出。有人称许《战国策》“繁辞瑰辩，烂然盈目”，宋代李文叔赞它为“文辞之最”。

作为一本普及性读物，此次编订只是节选《战国策》中的经典篇目，共节选八十二篇文章，以飨诸君。在编译过程中，本书以中华书局2012年6月出版的《战国策》为底本，同时参考和借鉴了历代前贤的研究著述和独到见解，在译文中以直译为主，力求达到信、达、雅兼顾，从而帮助大家更好地读懂这部经典，从侧面感受中华国学的博大精深。

由于编者水平有限，疏漏、错误在所难免，诚恳地希望广大专家、读者批评指正。

目录

齐策

楚策

赵策

魏策

韩策

燕策

宋卫策

中山策

东周策

秦兴师临周而求九鼎

【原文】

秦兴师临周而求九鼎①，周君患之，以告颜率②。颜率曰："大王勿忧，臣请东借救于齐。"颜率至齐，谓齐王曰："夫秦之为无道也，欲兴兵临周而求九鼎。周之君臣，内自画计③，与秦，不若归之大国。夫存危国，美名也；得九鼎，厚实④也。愿大王图之。"齐王大悦，发师五万人，使陈臣思⑤将以救周，而秦兵罢。

齐将求九鼎，周君又患之。颜率曰："大王勿忧，臣请东解之。"颜率至齐，谓齐王曰："周赖大国之义，得君臣父子相保也，愿献九鼎，不识大国何途之从而致之齐？"齐王曰："寡人将寄径于梁⑥。"颜率曰："不可。夫梁之君臣欲得九鼎，谋之晖台⑦之下、沙海⑧之上，其日久矣。鼎入梁，必不出。"齐王曰："寡人将寄径于楚。"对曰："不可。楚之君臣欲得九鼎，谋之于叶庭⑨之中，其日久矣。若入楚，鼎必不出。"王曰："寡人终何途之从而致之齐？"颜率曰："弊邑固窃为大王患之。夫鼎者，非效醯⑩壶酱甀⑪耳，可怀挟提挈以至齐者；非效鸟集乌飞，兔兴马逝⑫，漓然⑬止于齐者。昔周之伐殷，得九鼎，凡一鼎而九万人挽⑭之，九九八十一万人，士卒师徒，器械被具⑮，所以备者称此。今大王纵有其人，何途之从而出？臣窃为大王私忧之。"齐王曰："子之数来者，犹无与耳。"颜率曰："不敢欺大国，疾定所从出，弊邑迁鼎以待命。"齐王乃止。

【注释】

①九鼎：周王室的传国之宝。②颜率：周王朝的大臣、谋士。③画计：商量。④实：实际利益。⑤陈臣思：齐威王的名将田忌。⑥梁：即魏国。魏惠王迁都大梁（今河南开封），故魏又称"梁"。⑦晖台：台名。⑧沙海：地名。在今河南开封西北。⑨叶庭：地名。在今湖北华容。⑩醯（xī）：醋。⑪甀（zhuì）：瓮。⑫兔兴马逝：形容轻快。⑬漓然：水渗流的样子。⑭挽：

牵引。⑮被具：士卒运鼎需要准备的器具。

【译文】

秦国出兵逼近东周，向东周国君索求九鼎，周君为此十分担心，就与颜率商讨对策。颜率说："大王不必担心，请允许臣向东去齐国求救。"颜率到了齐国，对齐王说："如今秦国不讲道义，打算向周出兵而索求九鼎。我周之君臣在朝中商量，认为与其把九鼎送给秦国，不如送给贵国。您保存了面临危亡的周国，这是美名；得到了九鼎，这是很实在的利益。希望大王能考虑一下这件事。"齐王非常高兴，出兵五万，任命陈臣思为将军前往救助东周，于是秦兵撤回。

当齐王将要索求九鼎的时候，周君又担心起来。颜率说："大王不必忧虑，请允许臣去齐国解决这件事。"颜率来到齐国，对齐王说："东周仰赖贵国的义举，君臣父子才得以保全，所以情愿献上九鼎，但不知道贵国从哪条道把九鼎运到齐国呢？"齐王说："我打算向梁国借道。"颜率说："不可以。因为梁国君臣也想得到九鼎，他们在晖台脚下、沙海边上已经谋划很长时间了。九鼎一旦进入梁国，必然出不来了。"齐王又说："那么我打算向楚国借道。"颜率回答说："不可以。因为楚国君臣也想要得到九鼎，他们在叶庭密谋很久了。假如经过楚国，九鼎也必定出不来了。"齐王说："那么我究竟该从哪里把九鼎运到齐国呢？"颜率说："敝国也私下为大王忧虑这件事。这个九鼎并不像醋瓶子或酱罐子一类的东西，可以怀揣手拿到齐国，也不像鸟聚鸦飞、兔跳马跑那样飞快地进入齐国。当初武王伐纣获得九鼎之后，一只鼎就用九万人牵引，共有九九八十一万人。士兵、工匠器械等准备物资也相当于这个数目。如今大王纵使有这等人力和物力，又从哪条道把九鼎运出来呢？我暗地里一直为大王担忧。"齐王说："你屡次前来劝谏我，无非是不想把九鼎给我！"颜率解释说："我怎敢欺骗贵国呢，只要您赶快决定好搬运路线，敝国一定把九鼎迁出来，以便您随时将其运走。"齐王只好作罢。

秦攻宜阳

【原文】

秦攻宜阳①，周君谓赵累②曰："子以为何如？"对曰："宜阳必拔也。”君曰：“宜阳城方八里，材士[③]十万，粟支数年，公仲[④]之军二十万，景翠[⑤]以楚之众，临山[⑥]而救之，秦必无功。”对曰：“甘茂[⑦]，羁旅也，攻宜阳而有功，则周公旦也；无功，则削迹[⑧]于秦。秦王不听群臣父兄之议而攻宜阳。宜阳不拔，秦王耻之。臣故曰拔。”君曰：“子为寡人谋，且奈何？”对曰：“君谓景翠曰：‘公爵为执圭[⑨]，官为柱国[⑩]，战而胜，则无加焉矣；不胜，则死。不如背秦，秦拔宜阳。公进兵，秦恐公之乘其弊也，必以宝事公；公仲慕公之为己乘秦也，亦必尽其宝。’”秦拔宜阳，景翠果进兵。秦惧，遽效[⑪]煮枣[⑫]，韩氏果亦效重宝。景翠得城于秦，受宝于韩，而德[⑬]东周。

【注释】

①宜阳：位于洛阳西南熊耳山北端，为韩国西陲的军事要塞。②赵累：周臣，身世不详。③材士：指训练有素的士兵。④公仲：韩相国，名侈。⑤景翠：楚国将领。⑥山：指伏牛山。⑦甘茂：下蔡（今安徽凤台）人，曾就学于史举，学百家之说，被张仪、樗里疾引荐给秦惠文王。秦武王曾派甘茂定蜀，委以左丞相。⑧削迹：除名，革除官职。⑨执圭：爵位名，为楚国最高爵位。⑩柱国：楚国的最高武官。⑪效：献。⑫煮枣：魏国城邑，一说在今山东东明县南，一说在今山东菏泽市西北。⑬德：感恩，感激。

【译文】

秦国攻打宜阳城，周赧王对赵累说：“你认为这场战争最终会怎样啊？”赵累回答说：“宜阳必定会被攻破。”赧王说：“宜阳城方圆八里，勇士十万，粮食可以支用好几年，此外还有韩国的公仲率领的二十万人，以及附近的楚将景翠率领的兵马，他们依山扎营，相机发兵援救，秦国必定无功而返。”赵累回答说：“甘茂是寄居秦国的客将，如果攻打宜阳有功，就成了秦国的周公旦；如果不成功，将会被秦国革除官职。秦武王不听群臣父兄们的意见，坚持要攻打宜阳，如果宜阳攻不下来，秦武王会因此而感到耻辱。所以我才说宜阳一定能攻下来。”周赧王说：“你替我谋划一下，我该怎么办？”赵累说：“您可以这样对景翠说：‘您的爵位已经是执圭，官职也升到了柱国，即便参战取胜，官爵也不可能再升了；万一失败了，则会送命。不如背弃秦国，要是秦国攻下宜阳，您就出兵，秦国担心您在秦军疲惫时攻打它，一定会用珍宝来讨好您，韩国公仲也会认为您是为救韩国而攻秦的，一定会给您送上珍宝。'"秦军攻陷了宜阳，景翠果然出兵。秦国十分恐惧，马上把煮枣城送给了景翠。韩国也送上了珍宝。景翠从秦国得到了煮枣城，又接受了韩国的财宝，因此非常感谢东周。

东周欲为稻

【原文】

东周欲为[①]稻，西周不下水，东周患之。苏子[②]谓东周君曰："臣请使西周下水，可乎？"乃往见西周之君曰："君之谋过矣！今不下水，所以富东周也。今其民皆种麦，无他种矣。君若欲害之，不若一为下水，以病[③]其所种。下水，东周必复种稻；种稻而复夺之。若是，则东周之民可令一仰[④]西周而受命于君矣。"西周君曰："善。"遂下水。苏子亦得两国之金也。

【注释】

①为：种植。 ②苏子：通常指苏秦，这里指一个虚拟的人。 ③病：损害。④一仰：都仰仗。

【译文】

东周打算种植水稻，可是西周不放水，东周为此十分担心。苏子对东周君说："请允许我出使西周，说服西周放水，可以吗？"于是前往西周，拜见西周君，说："您的谋划不对啊！现在不放水，反而富了东周啊。如今东周的百姓全都种麦子，不种别的作物了。您若想害他们，不如放水给他们，来破坏他们的庄稼。您放了水，东周一定会改种水稻；等他们种了水稻以后，您再断他们的水。如果您这样做，就可以使东周的百姓完全依赖西周而听命于您了。"西周君说："好。"于是放水。苏子也得到了两国的酬金。

周文君免工师藉

【原文】

周文君免工师藉，相吕仓，国人不说[①]也。君有闵闵[②]之心。谓周文君曰："国必有诽誉[③]，忠臣令诽在己，誉在上。宋君夺民时以为台，而民非之，无忠臣以掩盖之也。子罕[④]释相为司空[⑤]，民非子罕而善其君。齐桓公宫中七市，女闾[⑥]七百，国人非之。管仲故为三归[⑦]之家，以掩桓公，非自伤于民也！《春秋》记臣弑君者以百数，皆大臣见誉者也。故大臣得誉，非国家之美也。故众庶成强，增积成山。”周君遂不免[8]。

【注释】

①说：同“悦”。②闵闵：忧虑的样子。③诽誉：褒贬。④子罕：姓乐名喜，春秋时宋国贵族。⑤司空：管理土木工程的官。⑥女闾：指妓院。⑦三归：一说为管仲自筑之台名，一说为齐桓公赐给管仲的封地名，一说为娶三姓女。⑧不免：指没有罢免吕仓。

【译文】

东周昭文君罢免了工师藉的相位，任用吕仓为相国，国民都不高兴。昭文君对此闷闷不乐。有人对昭文君说：“国家每做一件事，国人一定有褒有贬，忠臣总是把诽谤引到自己身上，而把赞扬归于君主。宋国的国君强占百姓的耕作时间为自己修筑高台，使得百姓怨声载道，这是由于没有忠臣替他掩饰的缘故。宋国的子罕辞去相位，降任司空，百姓责备子罕，而赞美宋君。齐桓公在他的宫廷里开了七个市场，七百个妓院，齐国人没有不非议他的。于是管仲就故意在自己家筑起一座‘三归台’，以此掩饰桓公的过错，并非他自己有意伤害民心。《春秋》一书记载了数以百计的臣子弑杀君主的事件，而这些大臣都是备受赞誉的大臣呀。因此，大臣受到赞誉对国家并不是好事。所以说，众多成强，增高成山。”这样昭文君才没有罢免吕仓的相位。

温人之周

【原文】

温[1]人之周，周不纳。问曰：“客耶？”对曰：“主人也。”问其巷而不知也，吏因囚之。君使人问之曰：“子非周人，而自谓非客，何也？”对曰：“臣少而诵《诗》，《诗》曰：‘普天之下，莫非王土；率土之滨，莫非王臣。’今周君天下，则我天子之臣，而又为客哉？故曰主人。”君乃使吏出之。

【注释】

①温：魏国地名，在今河南温县。

【译文】

一个温城人去东周，周人不让他入境，问他说："你是客籍人士吧？"温人回答："我是东周本国人。"但是问他住在哪个巷子，他却答不上来，于是小吏就把他关了起来。周君派人问他："你不是周人，却又说自己不是客人，这是为什么？"温人回答说："我年少时读过《诗经》，书中说：'普天之下，莫非王土；率土之滨，莫非王臣。'如今周王既然统治天下，那么我就是天子的臣民了，又怎么能说我是客人呢？所以我才说我是东周本国人。"周君听了，便叫小吏把他释放了。

杜赫欲重景翠于周

【原文】

杜赫[①]欲重景翠于周，谓周君曰："君之国小，尽君之重宝珠玉以事诸侯，不可不察[②]也。譬之如张罗[③]者，张于无鸟之所，则终日无所得矣；张于多鸟处，则又骇鸟矣；必张于有鸟无鸟之际，然后能多得鸟矣。今君将施于大人，大人轻君；施于小人，小人无可以求，又费财焉。君必施于今之穷士，不必且为大人者[④]，故能得欲矣。"

【注释】

①杜赫：东周人，与东周的昭文君处于同一时代。②察：考虑。③张罗：设网捕鸟。④不必且为大人者：将来可能成功的大人物。

【译文】

杜赫想让东周重用景翠，就对东周君说："您的国家很小，即便把全国的珍珠宝玉拿来侍奉诸侯，又有什么用？您不可不考虑这件事啊。比如设网捕鸟，把网设在没有鸟的地方，一整天也不会捕到鸟；把网设在鸟多的地方，又容易把鸟儿都吓跑。只有把网设在有鸟而鸟不多的地方，才会捕到很多鸟。现在您打算把珍宝都献给诸侯之类的大人物，可这些人却瞧不起您；把珍宝送给平庸之辈，他们却没有什么可以指望的，只是白白浪费钱财。君王只有把恩惠施给那些现在穷困潦倒并不显赫，但将来一定会成大器的人，才能达成自己的愿望。"

昌他亡西周

【原文】

昌他[①]亡[②]西周，之东周，尽输[③]西周之情于东周。东周大喜，西周大怒。冯且[④]曰："臣能杀之。"君予金三十斤。冯且使人操金与书，间遗昌他书曰："告昌他：事可成，勉成之；不可成，亟亡来！事久且泄，自令身死。"因使人告东周之候[⑤]曰："今夕有奸人当入者矣。"候得而献东周，东周立杀昌他。

【注释】

①昌他（tuó）：西周臣子。 ②亡：逃离，出奔。 ③输：献，告诉。 ④冯且（jū）：西周臣子。 ⑤候：在边境从事侦察工作的人。

【译文】

昌他逃离西周，去了东周，把西周的情况全都告诉了东周。东周君十分高兴，西周君怒火中烧。冯且对西周君说："我有办法杀掉昌他。"西周君给冯且三十斤金。冯且当即派人把金和信函送给昌他。信上写道："敬告昌他：如果事情可以办成，你就努力办成；如果办不成，就赶快逃回来！事情久了容易败露，那时就是自取灭亡。"同时，又派人告诉边境的东周探子说："今晚有奸细要入境了。"东周探子果然抓到了信使，把书信交给了东周君，东周君立刻将昌他杀掉了。

西周策

薛公以齐为韩、魏攻楚

【原文】

薛公[①]以齐为韩、魏攻楚[②]，又与韩、魏攻秦[③]，而藉兵乞食于西周。韩庆[④]为西周谓薛公曰："君以齐为韩、魏攻楚，九年而取宛、叶以北[⑤]，以强韩、魏，今又攻秦以益之。韩、魏南无楚忧，西无秦患，则地广而益重，齐必轻矣。夫本末更盛，虚实有时，窃为君危之。君不如令弊邑阴合于秦而君无攻，又无藉兵乞食。君临函谷而无攻，令弊邑以君之情谓秦王曰：‘薛公必不破秦以张韩、魏，所以进兵者，欲王令楚割东国⑥以与齐也。’秦王出楚王⑦以为和，君令弊邑以此惠秦，秦得无破，而以楚之东国自免也，必欲之。楚王出，必德齐，齐得东国而益强，而薛世世无患。秦不大弱，而处之三晋⑧之西，三晋必重齐。”薛公曰：“善。”因令韩庆入秦，而使三国无攻秦，而使不藉兵乞食于西周。

【注释】

①薛公：齐威王封少子田婴于薛，田婴之子田文袭封，故人称其为“薛公”。 ②攻楚：周赧王十二年（前303），齐、韩、魏三国以楚国背约为借口，合兵攻打楚国。 ③攻秦：周赧王十六年（前299），田文入秦为相，不久受谗被囚，次年逃回齐国，心有怨恨，因此联合韩、魏攻秦。 ④韩庆：西周臣子。 ⑤宛、叶以北：指今河南襄城、鲁山一带。 ⑥东国：自今河南郾城以东，沿淮北至泗上一带。 ⑦出楚王：公元前299年，秦约楚怀王在武关相会，挟持怀王入秦，以此要挟楚国。 ⑧三晋：韩、赵、魏三家分晋，故称“三晋”。

【译文】

薛公田文用齐国的军队与韩、魏两国一起攻打楚国，后来又和韩、魏一起攻打秦国，并向西周借兵借粮。韩庆为维护西周的利益，对薛公说：“您用齐国军队和韩、魏攻打楚国，耗时九年终于攻取宛、叶以北的地区，实际上是壮大了韩、魏两国的势力。如今您又联合韩、魏两国攻打秦国，是使韩、魏两国的势力更加强大。韩、魏在南边没有了对楚国的担忧，在西边没有了秦国的祸患，他们的土地得到扩张，地位也会更加显要，而齐国的地位必然因此而下降。事物的本末盛衰是相互更替的，事物的强弱也会因时而变，臣私下里为您感到不安啊。您不如让我们西周暗中与秦国结好，而您不要真的攻打秦国，也不用向我们西周借兵借粮。您可以兵临函谷关，但是不要进攻，让我们把您的用意告诉秦王说：‘薛公一定不会攻破秦国而使韩、魏两国的势力扩大，如今齐国之所以出兵，是想让您把您占领的楚国的东国割给齐国。’这样，秦王就会放回楚怀王来求和，您也可以使我们西周以此施恩于秦国，使其献出楚国的东国以求免灾。楚王一旦被释放，必然会感激齐国，齐国得到楚国的东国会更加强大，您的国家也就世世代代没有忧患了。秦国并没有被削弱太多，又处在三晋的西面，会对三晋有所威胁，所以三晋必定会倚重齐国。”薛公说：“很好。”因而派遣韩庆去秦国，还停止了三国攻打秦国的行动，也不再向西周借兵借粮。

秦令樗里疾以车百乘入周

【原文】

秦令樗里疾①以车百乘入周，周君迎之以卒②，甚敬。楚王怒，让③周，以其重秦客。游腾④谓楚王曰："昔智伯⑤欲伐厹由⑥，遗之大钟，载以广车，因随入以兵，厹由卒亡，无备故也。桓公伐蔡也，号言伐楚，其实袭蔡。今秦者，虎狼之国也，兼有吞周之意，使樗里疾以车百乘入周，周君惧焉，以蔡、厹由戒之，故使长兵在前，强弩在后，名曰卫疾，而实囚之也。周君岂能无爱国哉？恐一日之亡国，而忧大王。”楚王乃悦。

【注释】

①樗（chū）里疾：秦惠王弟，生于樗里，名疾。据说他足智多谋，人称智囊。②卒：古代军队百人为卒，这里泛指卫队。③让：责备。④游腾：周朝大臣。⑤智伯：晋卿，姓荀名瑶。⑥厹（qiú）由：古国名，在今山西盂县东北。

【译文】

秦国派樗里疾率领一百辆兵车进入西周，周君派卫队去迎接他，很是恭敬。楚王为此十分生气，责备西周过分重视秦国的访客。游腾就对楚王解释说："过去智伯打算讨伐厹由时，给厹由送了一口大钟，用大车装着，派遣士兵随车而入，厹由于是灭亡了，这都是厹由没有防备的缘故。齐桓公攻打蔡国时，表面上说是去攻打楚国，实际上是去袭击蔡国。秦国是一个如狼似虎的强国，怀有吞灭周朝的野心，现在秦国派樗里疾率领百辆兵车来到西周，周君非常害怕，但是他借鉴了厹由和蔡国的教训，所以派持戈的士兵走在前面，派强弩手走在后面，名义上是保卫樗里疾，实际上是围住他。周君怎么会不爱自己的国家呢？他只是担心万一国家覆灭了，秦国会对楚国不利，这是为大王担忧啊。”楚王这才转怒为喜。

雍氏之役

【原文】

雍氏[①]之役，韩征甲与粟于周。周君患之，告苏代[②]。苏代曰："何患焉？代能为君令韩不征甲与粟于周，又能为君得高都[③]。"周君大悦曰："子苟能，寡人请以国听。"

苏代遂往见韩相国公仲[④]曰："公不闻楚计乎？昭应[⑤]谓楚王曰：'韩氏罢[⑥]于兵，仓廪空，无以守城，吾收之以饥，不过一月必拔之。'今围雍氏五月不能拔，是楚病也。楚王始不信昭应之计矣，今公乃征甲及粟于周，此告楚病也。昭应闻此，必劝楚王益兵守雍氏，雍氏必拔。"公仲曰："善。然吾使者已行矣。"代曰："公何不以高都与周？"公仲怒曰："吾无征甲与粟于周，亦已多矣。何为与高都？"代曰："与之高都，则周必折而入于韩，秦闻之，必大怒而焚周之节[⑦]，不通其使。是公以弊高都得完周也，何不与也？"公仲曰："善。"不征甲与粟于周而与高都，楚卒不拔雍氏而去。

【注释】

①雍氏：韩国城邑，在今河南禹州东北。 ②苏代：河南洛阳人，苏秦的兄弟。 ③高都：韩国城邑。 ④公仲：韩国相国，名侈。 ⑤昭应：楚国将领。 ⑥罢：同"疲"，疲劳，疲惫。 ⑦焚周之节：焚烧西周使臣所执的符节表示与西周绝交。节，符节，使臣所执。

【译文】

在楚国攻打韩国雍氏的战役中，韩国向西周征兵调粮，周王为此非常担心，就把这件事告诉了苏代。苏代说："有什么好担心的呢？我能够替您让韩国不向西周征兵征粮，还可以帮助您得到高都。"周王十分高兴，说："你如果真能做到这些，我会将国家大事交给你处理。"

苏代于是前往韩国，拜见韩国相国公仲侈，对他说道："您没有听说楚国的计策吗？昭应曾对楚王说：'韩国将士疲惫，粮库空虚，没有力量守城了。我们要乘其闹饥荒时夺取雍氏，用不了一个月必定能够攻下它。'如今楚国围困雍氏五个月了还不能攻克，这暴露了楚军已经陷入困境。楚王已经开始不信任昭应的计策了。现在您向西周征兵征粮，分明是在告诉楚国韩国已经支持不住了。如果昭应知道这一情况，必定会劝说楚王增兵包围雍氏，到时候雍氏必定会被攻陷。”公仲侈说：“对呀。可是派往周国的使者已经出发了。”苏代说：“您为什么不把高都送给西周呢？”公仲侈生气地说：“我不向西周征兵征粮，已经不错了，为什么还要把高都送给它呢？”苏代说：“如果把高都送给西周，那么周王一定会转而归顺韩国，秦国听说之后一定会大发雷霆，从而焚毁西周使臣的符节，断绝与西周的来往。这样您实际上是在用一个残破的高都换取一个完整的西周，何乐而不为呢？”公仲侈说：“好吧。”就没有向西周征兵征粮，还把高都送给了西周。楚军最终未能攻下雍氏，只好离去。

司寇布为周最谓周君

【原文】

司寇布①为周最②谓周君，曰：“君使人告齐王以周最不肯为太子也，臣为君不取也。函冶氏③为齐太公买良剑，公不知善，归其剑而责④之金。越人请买之千金，折而不卖⑤。将死，而属其子曰：‘必无独知。’今君之使最为太子，独知之契⑥也，天下未有信之者也。臣恐齐王之为君实立果⑦而让⑧之于最，以嫁⑨之齐也。君为多巧，最为多诈，君何不买信货⑩哉？奉养无有爱于最也，使天下见之。”

【注释】

①司寇布：周朝大臣。司寇，主刑狱的官，布为其名。 ②周最：周朝的公子。 ③函冶氏：齐国善于鉴别宝剑的人。 ④责：求取。 ⑤折而不卖：虽千金仍不够本价，故函冶氏不肯卖。折，折本。 ⑥契：契约，分左右二契，各存订约人之手。 ⑦果：周太子名。 ⑧让：假托。 ⑨嫁：欺骗。 ⑩信货：真实可信的东西。

【译文】

司寇布替周最对周君说：“大王派使者告诉齐王说周最不肯做太子，我认为您这样做不可取啊。从前函冶氏为齐太公买了一把宝剑，太公没有看出宝剑好在哪里，就把宝剑退了回去，还要回了买剑的钱。一个越国人愿意出一千金买这把宝剑，函冶氏嫌折本而不愿意卖。函冶氏临死的时候，叮嘱他儿子说：‘珍贵的东西一定不能只让自己知道。’现在大王想立

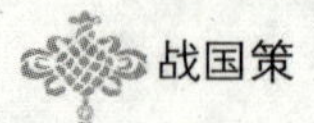

周最为太子，这只是您自己心里的打算，天下人都不知道这件事。我担心齐王听了你的话以后，会认为您其实是想立周最为太子而假托周最不肯做太子，以此来蒙骗齐国。如果人们认为大王是在玩弄权谋，公子最又诡计多端，那么大王为何不让人们看到事情的真相呢？供养周最的东西不要吝惜，应该让天下人都知道啊。”

秦欲攻周

【原文】

秦欲攻周，周最谓秦王[①]曰：“为王之国计者，不攻周。攻周，实不足以利国，而声畏天下[②]。天下以声畏秦，必东合于齐。兵弊于周，而合天下于齐，则秦孤而不王矣。是天下欲罢秦，故劝王攻周。秦与天下罢，则令不横行于周矣。”

【注释】

①秦王：秦昭王。 ②声畏天下：秦国因进攻周天子而坏了自己的名声。声，名声。畏，恶。

【译文】

秦打算攻打西周，周最对秦王说：“如果是为大王的利益着想的话，就不应该攻打西周。攻打西周，其实对秦国没有好处，反而会使秦国在天下落得个坏名声。到时天下诸侯因为秦国有了攻打周天子的坏名声，必然会与东边的齐国联合起来。一旦秦为攻周陷于疲惫，而天下诸侯又联合了齐国，秦国就会陷入孤立无援的境地，而不能称王了。可见诸侯是为了使秦军精疲力竭才怂恿大王进攻西周的。如果秦国被天下诸侯弄得疲惫不堪，那么您的任何号令都不能通行于周了。”

秦策

苏秦始将连横

【原文】

苏秦[①]始将连横[②]，说[③]秦惠王曰：“大王之国，西有巴、蜀、汉中[④]之利，北有胡、貉[⑤]、代、马[⑥]之用，南有巫山、黔中[⑦]之限，东有肴、函[⑧]之固。田肥美，民殷富，战车万乘，奋击百万，沃野千里，蓄积饶多，地势形便，此所谓天府，天下之雄国也！以大王之贤，士民之众，车骑之用，兵法之教，可以并诸侯，吞天下，称帝而治。愿大王少留意，臣请奏其效。”

秦王曰：“寡人闻之，毛羽不丰满者，不可以高飞；文章[⑨]不成者，不可以诛罚；道德不厚者，不可以使民；政教不顺者，不可以烦大臣。今先生俨然不远千里而庭教之，愿以异日。”

【注释】

①苏秦：字季子，战国时东周洛阳人，纵横家代表人物之一，始主连横，后倡合纵，在齐国任相国，为燕国从事反间活动，被齐国发现，车裂而死，一说被暗杀而死。 ②连横：以西方秦国为主，联合东方（太行山以东）的个别国家攻击其他国家。 ③说（shuì）：劝说别人听从自己的主张。 ④巴、蜀：国名，分别位于今重庆市和四川省西部。汉中：位于今陕西秦岭以南。当时此三地虽不属秦，但与秦国交流频繁，所以说西面对秦有利。 ⑤胡、貉（hé）：位于今内蒙古南部，这里指匈奴所居住的地区。 ⑥代、马：代郡、马邑，在今山西东北部，其地产马。 ⑦巫山：山名，位于今重庆、湖北边境。黔中：郡名，在今湖南沅陵县西。 ⑧肴：同“殽”，即殽山，位于今河南洛宁北。函：函谷关，位于今河南灵宝县。 ⑨文章：这里指法令。

【译文】

苏秦一开始用连横的主张去游说秦惠王说：“您的国家，西面有富庶的巴、蜀、汉中等地为您提供便利，北方有胡、貉、代、马等地的兽皮、骏马为您所用，南边有巫山、黔中的天然屏障，东面有崤山、函谷关这样坚固的要塞。田地肥沃，百姓富足；战车万辆，勇士百万；沃野千里，积蓄丰饶，地势便利，这正是人们所说的天然府库，天下强国啊！大王您凭着自己的贤能，人口的众多，战备物资的充足，将士的训练得法，完全有把握兼并诸侯，吞灭天下，称帝而治。希望大王能稍稍留意我的话，允许臣陈述秦国如何取得地利兵强的功效。”

秦惠王说：“我听说，羽毛不够丰满的鸟儿没有办法高飞，法制不健全的国家不可以实施刑罚，道德不宽厚的君主不可以役使百姓，政策教化不昌明的君主不可以劳烦大臣。现在先生如此郑重其事，不远千里来到秦国指导我，但是我想改天再向您请教。”

【原文】

苏秦曰：“臣固疑大王不能用也。昔者神农伐补遂①，黄帝伐涿鹿而禽蚩尤②，尧伐驩兜③，舜伐三苗④，禹伐共工⑤，汤伐有夏⑥，文王伐崇⑦，武王伐纣⑧，齐桓任战而伯⑨天下。由此观之，恶⑩有不战者乎？古者使车毂击驰⑪，言语相结，天下为一；约从连横，兵革不藏；文士并饬⑫，诸侯乱惑；万端俱起，不可胜理；科条既备，民多伪态；书策稠浊，百姓不足；上下相愁，民无所聊；明言章理，兵甲愈起；辩言伟服，战攻不息；繁称文辞，天下不治；舌弊耳聋，不见成功；行义约信，天下不亲。于是乃废文任武，厚养死士，缀甲厉兵，效胜于战场。夫徒处而致利，安坐而广地，虽古五帝、三王、五伯⑬，明主贤君，常欲佐而致之，其势不能，故以战续之。宽则两军相攻，迫则杖戟相撞，然后可建大功。是故兵胜于外，义强于内，威立于上，民服于下。今欲并天下，凌万乘，诎⑭敌国，制海内，子元元⑮，臣诸侯，非兵不可！今之嗣主忽于至道，皆惛于教，乱于治，迷于言，惑于语，沉于辩，溺于辞。以此论之，王固不能行也。”

【注释】

①神农：即炎帝。传说他教民耕种，故号神农。神农与下文的黄帝、尧、舜等都是古代部落或部落联盟的首领。补遂：古国名，今地不详。 ②黄帝：即轩辕氏，传说中是华夏族的始祖。涿鹿：位于今河北省涿鹿县南。禽：同“擒”。蚩尤：古代九黎族的首领。 ③尧：即陶唐氏，姓伊祁，名放勋，传位给舜。驩(huān)兜：尧臣，为“四凶(驩兜、共工、鲧、三苗)”之一，尧平定驩兜之乱后，采纳舜的建议，把驩兜放逐到了崇山。 ④三苗：部落名，即古代苗族。 ⑤共工：传为尧的大臣，四凶之一，被尧流放于幽州，在大禹治水期间再次作乱，被大禹打败，臣服于大禹。 ⑥汤：商朝开国君主，原为夏朝诸侯。夏：即夏桀。有：无义。 ⑦文王：周文王，姓姬名昌，在商纣王当政时为诸侯之长。崇：古国名，位于今陕西省户县一带，这里指崇地的国君崇侯虎。 ⑧武王：周文王之子姬发，他打败商纣王，建立了西周王朝，追尊姬昌为文王。纣：商朝末代君主，传说中的暴君。 ⑨伯：同“霸”，称霸。 ⑩恶(wū)：同“乌”，哪里。 ⑪车毂击驰：使

者的车毂相互撞击，形容使者往来频繁。毂（gǔ），车轮中央的圆眼，以容车轴。这里代指车辆。⑫饬（shì）：通“饰”，即巧言游说诸侯。⑬五帝：说法不一，一般指黄帝、颛顼、帝喾、尧、舜。三王：夏、商、周三代的开国君主夏禹、商汤和周文王。五伯：伯同“霸”，“五伯”即春秋五霸：齐桓公、晋文公、楚庄王、吴王阖闾、越王勾践。到了汉代，人们去掉吴王、越王，加入宋襄公、秦穆公，也称之为“五霸”。⑭诎（qū）：使……屈服。⑮元元：百姓。

【译文】

苏秦说：“我已经料到大王不会采纳我的建议。过去神农氏讨伐补遂，黄帝攻打涿鹿擒获蚩尤，唐尧放逐驩兜，虞舜征伐三苗，夏禹制伏共工，商汤取代夏桀，周文王征服崇侯虎，周武王覆灭商纣，齐桓公通过战争称霸天下。从这些情况来看，哪里有不打仗就取胜的道理呢？古代使者的车辆往来频繁，各国诸侯相互订立盟约，谋求天下统一；后来或言合纵或言连横，但从未停止过使用武力；文人辩士花言巧语游说诸侯，使得诸侯迷惑混乱，于是万般祸端全都就此发生，无法处理；法令条例齐备的国家，老百姓反而奸诈虚伪；文书、籍策繁多杂乱，百姓无所适从；上下互相愁怨，百姓无所依赖；道理讲得十分明白，战火反而更加激烈；身着盛装的说客越是巧言善辩，战争就越是无法止息。越搞那些繁杂的说教和浮夸的言辞，天下就越发无法治理；说客的舌头都说破了，听的人耳朵都听聋了，却见不到成功；尽管讲求信义、遵守誓约，各国却总是不和睦。于是就废除文治而使用武力，多养不怕牺牲的敢死之士，修缮好铠甲，磨砺好武器，在战场上一决胜负。只是白白待着却想得到好处，安稳坐着却要使国土扩大，即使是古代的五帝、三王、五霸和那些贤明的君主也是很难办到的，所以只有用战争来接替文治。两军相距较远时摆开阵势相互攻击，相距较近时用武器互相拼杀，只有如此才可以建功立业。因此，对外要靠战争取胜，对内要施行仁义来加强统治，君王在上有了威信，百姓在下自然就服从了。如今想要并吞天下，凌驾于有万辆兵车的诸侯国之上，让敌国屈服，从而统治天下，以百姓为子，让诸侯称臣，非用兵力不可呀。如今继位当政的君主，都忽略了用兵这一至关重要的道理，被各种治国方法弄得昏聩不堪，被花言巧语迷惑，沉湎于言辞巧辩。从这一点来看，大王您本来就不会采纳我的建议。”

【原文】

说秦王书十上而说不行。黑貂之裘弊，黄金百斤尽，资用乏绝，去秦而归。赢縢履蹻[①]，负书担橐[②]，形容枯槁，面目犁黑[③]，状有归色[④]。归至家，妻不下纴[⑤]，嫂不为炊，父母不与言。苏秦喟然叹曰："妻不以我为夫，嫂不以我为叔，父母不以我为子，是皆秦之罪也！"乃夜发书，陈箧数十，得太公《阴符》[⑥]之谋，伏而诵之，简练以为揣摩。读书欲睡，引锥自刺其股，血流至足。曰："安有说人主不能出其金玉锦绣，取卿相之尊者乎？"期年，揣摩成，曰："此真可以说当世之君矣！"

【注释】

①赢（léi）：缠绕。縢（téng）：绑腿布。蹻（jué）：草鞋。 ②橐（tuó）：囊，口袋。 ③犁黑：同"黧黑"，形容人身材魁梧，肤色黑里带黄。 ④状有归色：有惭愧的神色。归：通"愧"。 ⑤纴（rèn）：纺织机。 ⑥太公：姜太公，本名姜尚，因曾受封于吕地，故又称吕尚，他辅佐周武王伐纣，是齐国的开国君主。《阴符》：兵书。

【译文】

游说秦王的书简上了十次都被秦王拒绝了。黑貂皮袄穿破了，百斤的黄金用完了，生活的费用也花光了，于是苏秦离开了秦国，回到洛阳。他缠着裹腿，穿着草鞋，背着书袋，挑着行李，神情憔悴，面目发黑，满脸惭愧之色。回到家里，妻子不下织布机迎接他，嫂子不肯给他做饭，父母不和他说话。苏秦叹了口气说："妻子不把我当丈夫，嫂子不把我当小叔，父母不把我当儿子，这都是我苏秦自己的罪过啊。"于是，苏秦当夜就拿出书本，又打开几十个书箱，从中找到姜太公的《阴符》，伏案诵读兵法，选择精要处反复钻研。读到昏昏欲睡的时候，就拿锥子扎自己的大腿，以致鲜血一直流到脚跟。他说："哪有游说君主而不能让他们掏出金玉锦绣，得到公卿相国的尊贵地位的呢？"过了一年，苏秦学有所得，他说："现在我真的可以去游说当世的君王了。"

【原文】

于是乃摩[①]燕乌集阙[②]，见说赵王于华屋之下，抵[③]掌而谈。赵王大悦，封为武安君，受相印，革车百乘，锦绣千纯，白璧百双，黄金万溢[④]，以随其后，约从散横，以抑强秦。

故苏秦相于赵而关不通。当此之时，天下之大，万民之众，王侯之威，谋臣之权，皆欲决苏秦之策。不费斗粮，未烦一兵，未战一士，未绝一弦，未折一矢，诸侯相亲，贤于兄弟。夫贤人在而天下服，一人用而天下从。故曰：式[⑤]于政，不式于勇；式于廊庙之内，不式于四境之外。当秦之隆，黄金万溢为用，转毂连骑，炫熿于道，山东之国[⑥]，从风而服，使赵大重。

【注释】

①摩：接近。②燕乌集阙：宫阙名。③抵（zhǐ）：拍击。④溢：通“镒”，二十两（一说为二十四两）为一镒。⑤式：运用。⑥山东之国：秦国人对崤山以东的六国的称呼。

【译文】

于是苏秦就来到燕乌集阙，在华丽的宫殿之下游说赵王，二人谈得甚是投机。赵王十分高兴，封他为武安君，并授以相印，兵车百辆，锦绣千匹，白璧百双，黄金二十万两，派车队尾随其后，命其到各国去约定合纵，拆散连横，以此压制强秦。

因此，当苏秦在赵国做宰相时，各国都断绝了和秦的联系，六国的要塞也都不和秦国相通了。那个时候，天下各地、众多的平民百姓、威武的王侯和掌权的谋臣，都要听从苏秦一人的决策。没耗费一斗粮食，没劳烦一个兵卒，没有一个士兵参战，没有折断一张弓，没损失一支箭，诸侯们就相亲相爱，比亲兄弟还要亲近。只要有贤人在位，天下自然就会信服；一个这样的人得到任用，天下就会顺从。所以说，应该运用政治手段解决问题，不必用武力来处理事情；要在朝廷上谨慎谋划，而不必到边境上打仗。在苏秦仕途鼎盛的时候，二十万两黄金供他使用，车轮飞转，马队连绵，所到之处威风凛凛，崤山以东的各诸侯国像随风起伏的野草一样依附，赵国的地位大大提高。

【原文】

且夫苏秦特穷巷掘门[①]、桑户棬枢[②]之士耳，伏轼撙衔[③]，横历天下，廷说诸侯之王，杜左右之口，天下莫之能伉[④]。将说楚王，路过洛阳。父母闻之，清宫除道，张乐设饮，郊迎三十里。妻侧目而视，倾耳而听；嫂蛇行匍伏，四拜自跪而谢。苏秦曰："嫂何前倨[⑤]而后卑也？"嫂曰："以季子之位尊而多金。"苏秦曰："嗟乎！贫穷则父母不子，富贵则亲戚畏惧。人生世上，势位富贵，盖[⑥]可忽乎哉？"

【注释】

①特：只是，只不过。掘门：同"窟门"，简陋的土屋。 ②桑户棬（quān）枢：用桑树枝做成门，拿木条当门轴，形容家境贫寒。 ③伏轼撙（zǔn）衔：伏在车前的横木上，拉着马嚼子。形容苏秦乘车出游时的得意姿态。轼，车前横木。撙，勒住。 ④伉：通"抗"。 ⑤倨：傲慢。 ⑥盖：同"盍"，何。

【译文】

其实苏秦当初只不过是一个穷巷寒门中用桑树枝当门、用木条做门轴的穷士罢了，现在却扶着车前横木，拉着马嚼子，神气十足地游历天下，在朝廷上游说各诸侯国的君王，左右的亲信大臣都不敢开口，天下没有谁敢与他对抗。苏秦将要游说楚威王，在路过洛阳的时候，他的父母得到消息，赶紧打扫房舍，清理道路，奏起乐曲，摆上酒宴，去城外三十里的地方迎接他；他的妻子只敢斜着眼睛看他，侧着耳朵听他说话；而嫂子像蛇一样伏在地上，对苏秦一连拜了四拜，跪着谢罪。苏秦问："嫂子你为什么之前对我那么傲慢，而现在又这样谦卑呢？"嫂子回答说："因为现在小叔你地位尊显而且有那么多金钱。"苏秦说道："唉！穷困落魄的时候，连父母都不认我这个儿子，富贵显赫之后，连亲戚都对我畏惧谦卑。人活在这个世界上，怎么能忽视权势和富贵呢！"

秦惠王谓寒泉子曰

【原文】

秦惠王谓寒泉子[①]曰："苏秦欺寡人，欲以一人之智反覆东山之君，从以欺秦。赵固负其众，故先使苏秦以币帛[②]约乎诸侯。诸侯不可一，犹连鸡之不能俱止于栖亦明矣。寡人忿然，含怒日久，吾欲使武安子起[③]往喻意焉。"寒泉子曰："不可。夫攻城堕邑，请使武安子。善我国家使诸侯，请使客卿张仪[④]。"秦惠王曰："敬受命。"

【注释】

①寒泉子：秦惠王时代的官员，知人善用。 ②币帛：古代用作礼物的丝织

品，泛指礼物。③武安子起：秦将白起，封武安君，故称。④客卿：战国时称呼非本国人而在本国担任高级官职的人。张仪：魏国人，首创连横这一外交策略，是战国时期著名的谋略家、外交家。

【译文】

秦惠王对寒泉子说："苏秦欺负我们，想要凭借一个人的智慧，去策反崤山以东六国的国君，企图合纵来欺扰秦国。赵国本来就自负人多势众，因此就派苏秦用重礼去联合诸侯，订立合纵盟约。然而，诸侯各怀异心，就像把很多鸡绑起来但它们也不能栖息在一处一样，合纵不成，这是很明显的。我对苏秦非常气愤，心怀怒气已经很久了，我打算派武安君白起前往崤山以东去开导诸侯。"寒泉子说："这可不行。如果是攻城略地，可以派武安君前往。如果为了维护我们秦国的利益，出使诸侯国，请您派客卿张仪为好。"秦惠王说："我接受先生的指教。"

说秦王曰

【原文】

说秦王曰[①]："臣闻之，弗知而言为不智，知而不言为不忠。为人臣不忠当死，言不审亦当死。虽然，臣愿悉言所闻，唯大王裁其罪。

"臣闻，天下阴燕阳魏[②]，连荆固齐[③]，收余韩[④]成从，将西面以与秦为难，臣窃笑之。世有三亡而天下得之，其此之谓乎！臣闻之曰：'以乱攻治者亡，以邪攻正者亡，以逆攻顺者亡。'今天下之府库不盈，囷仓[⑤]空虚，悉其士民，张军数十百万，白刃在前，斧质在后，而皆去走不能死，非其百姓不能死也，其上不能杀也。言赏则不与，言罚则不行，赏罚不行，故民不死也。

"今秦出号令而行赏罚，有功无功相事也。出其父母怀衽之中[⑥]，生未尝见寇也，闻战，顿足徒裼[⑦]，犯白刃，蹈煨炭[⑧]，断死于前者，比是也。夫断死与断生也不同，而民为之者，是贵奋也。一可以胜十，十可以胜百，百可以胜千，千可以胜万，万可以胜天下矣。

"今秦地形，断长续短，方数千里，名师数百万，秦之号令赏罚，地形利害，天下莫如也。以此与天下，天下不足兼而有也。是故秦战未尝不胜，攻未尝不取，所当未尝不破也。开地数千里，此其大功也，然而甲兵顿，士民病，蓄积索，田畴荒，囷仓虚，四邻诸侯不服，伯王之名不成，此无异故，谋臣皆不尽其忠也。

【注释】

①旧作“张仪说秦王曰”，南宋鲍彪注释本删去“张仪”二字，因为策中所言皆张仪死后之事，绝非张仪所作。秦王：秦昭王。 ②阴燕阳魏：燕在赵之北，故曰阴；魏在赵之南，故曰阳。 ③荆：这里指楚国。固：拉拢。 ④余韩：当时韩国比较弱小，丧失了很多土地，现存的只是它的残余部分。 ⑤囷（qūn）仓：粮仓。圆者为囷，方者为仓。 ⑥出其父母怀衽之中：被父母抚养成人。衽：衣襟。⑦裼（xī）：脱去外衣，露出身体。 ⑧煨（wēi）炭：火炭。作战时，以火炭置地，阻止敌人进攻。

【译文】

有人游说秦王道：“我常听人说：‘不知道事情的经过就开口是不明智的；明白事理，可以出谋划策却不开口，是不忠贞的。’作为一个臣子，对君王不忠诚就该死；说话不审慎也该死。尽管如此，但我仍然愿意把我所知道的见闻都说出来给大王听，请大王裁决。

“我听说，赵国北可以连燕，南可以连魏，联合荆楚，拉拢齐国，收罗残余的韩国势力，形成合纵的联合阵线，共同向西与秦国对抗。对此，我私下里感到好笑。天下有三种可能导致亡国的情况，而终会有人来收拾残局，说的可能就是如今的情形！我听人说：‘以内政混乱之国去攻打治理有序之国必遭败亡，以邪恶之国去攻打正义之国必遭败亡，以悖逆天道之国去攻打顺应天道之国必遭败亡。’如今诸侯国储藏财货的仓库和囤积米粮的仓库都不充实，诸侯征召全国百姓，发动上百万的军队，可即使前面有敌军的刀剑，身后有己方斧钺的威逼，军士们仍然退却逃跑，不能和敌人拼死一战。其实并不是他们的人民不肯死战，而是上级不能带头冲杀。上级口头上说奖赏却不曾给过，说要处罚却不执行，所以人民才不肯为国死战。

“如今秦国发号施令，赏罚严明，有功无功都按照实际情形进行奖惩。每个人从离开父母怀抱之时就没有见过敌人，所以一听说作战就奋勇地跺脚，决心死战，迎着敌人的白刃，踏着敌人的火炭，下定决心拼死阵前的人到处都是。一个人决心要战死和决心要逃生是不同的，但秦国人仍然愿意战死，这是把奋勇当作高贵品质的缘故。这么一来，一人可以战胜十人，十人可以战胜百人，百人可以战胜千人，千人可以战胜万人，万人可以战胜全天下。

“如今秦国的土地，截长补短，方圆有数千里，精兵数百万，军令如山，赏罚分明，地势优越，天下诸侯都比不上。用这种优越条件和天下诸侯争雄，全天下也不够秦国吞并的。因此，秦国出战没有不取胜的，进攻没有攻取不下来的，敌人没有不被攻克的。开拓土地几千里，这将是非常伟大的功业！然而，如今秦国军队疲惫，人民穷困，积蓄用绝，田园荒废，仓库空虚，四邻不肯臣服，霸业不能树立，这都是因为谋臣不尽忠。

【原文】

“臣敢言往昔。昔者齐南破荆[①]，中破宋[②]，西服秦[③]，北破燕，中使韩、魏之君[④]，地广而兵强；战胜攻取，诏令天下；济清、河浊，足以为限；长城、巨防，足以为塞。齐，五战之国也，一战不胜而无齐[⑤]。故由此观之，夫战者，万乘之存亡也。

“且臣闻之曰：‘削株掘根，无与祸邻，祸乃不存。’秦与荆人战，大破荆，袭郢[⑥]，取洞庭、五都[⑦]、江南。荆王亡走，东伏于陈[⑧]。当是之时，随荆以兵，则荆可举。举荆，则其民足贪也，地足利也。东以强齐、燕，中陵三晋，然则是一举而伯王之名可成也，四邻诸侯可朝也。而谋臣不为，引军而退，与荆人和。今荆人收亡国，聚散民，立社主，置宗庙，令帅天下西面以与秦为难，此固已无伯王之道一矣。

“天下有比志而军华下[⑨]，大王以诏破之，兵至梁郭，围梁数旬，则梁可拔。拔梁，则魏可举。举魏，则荆、赵之志绝。荆、赵之志绝，则赵危。赵危而荆孤。东以强齐、燕，中陵三晋。然则是一举而伯王之名可成也，四邻诸侯可朝也。而谋臣不为，引军而退，与魏氏和，令魏氏收亡国，聚散民，立社主，置宗庙，此固已无伯王之道二矣。

“前者穰侯[⑩]之治秦也，用一国之兵，而欲以成两国之功。是故兵终身暴露于外，士民潞病于内，伯王之名不成，此固已无伯王之道三矣。

【注释】

①南破荆：公元前301年，齐联合韩、魏伐楚，斩楚将唐昧。②中破宋：公元前286年，齐灭宋。③西服秦：公元前298年至前287年，齐与韩、魏联合攻秦，秦求和，归还了以前所占有的韩、魏的土地。④中使韩、魏之君：驱使韩、魏共同讨伐楚、秦。⑤一战不胜而无齐：公元前284年，燕昭王派乐毅率领燕、秦和三晋五国联军攻齐，攻下齐城七十余座，齐闵王出逃。⑥袭郢（yǐng）：公元前278年，秦将白起攻楚，攻下了楚都郢（位于今湖北江陵以北）。⑦五都：即五渚，楚地，因洞庭湖北连长江，南接湘、沅、资、澧四水而得名。⑧陈：位于今河南淮阳。⑨华下：华阳城下，位于今河南新郑北四十五里。⑩穰（ráng）侯：姓魏名冉，秦昭王母宣太后的异父弟，因封邑在穰（位于今河南邓县以北）而得名。

【译文】

“我斗胆说一说过去的事，过去，齐国往南击破了荆楚，往东战胜了宋国，往西征服了秦国，向北打败了燕国，在中原地带又使韩、魏两国唯命是从，地广兵强，攻城略地，战无不胜，号令天下诸侯。清清的济水和混浊的黄河都是它的天然屏障，又有长城和大坝可以作它的防守掩体。齐国是一连五次打胜仗的强国，可是只战败一次，齐国就灭亡了，由此可见，万乘大国的生死存亡取决于用兵作战。

“况且，我还听说：‘挖树要除根，不和祸患发生牵连，才能杜绝祸患。’秦国和楚国打仗，大败楚军，攻下了楚都郢城，又取得了洞庭湖、五都、江南等地，楚王被迫向东逃亡，蛰伏在陈地。那个时候，只要紧接着发兵攻打楚国，就可以彻底占领楚国。而拿下了楚国，楚民可为秦所用，楚地可为秦国提供便利。还可以对抗东面的齐、燕两国，在中原地区凌驾于三晋之上，一举完成霸业，使天下诸侯都来秦朝拜。然而，当时的谋臣没有这样做，反而率军撤退，和楚人讲和。如今楚国重整行将灭亡之国，聚集离散的百姓，恢复宗庙的祭祀，率领天下诸侯往西面来跟秦国对抗。这是秦国第一次失去建立霸业的机会。

“后来，诸侯联合，兵临华阳城下。大王下令反击，一直进兵到魏都大梁城外。当时只要持续围困几十天，就可以占领大梁城。占领了大梁，就可以攻下魏国。攻下魏国，就拆散了赵、楚联盟。拆散赵、楚联盟，赵国就会处于危难之地。赵国陷入危难之地，楚国就会孤立无援。这么一来，秦国向东可以威胁齐、燕，在中原地区可以驾驭三晋，一举建立霸业，使天下诸侯都来朝拜。然而谋臣没有这样做，反而率军撤退，与魏讲和，使魏国有了喘息的机会，这是秦国第二次失去建立霸业的机会。

“穰侯治理秦国时，想用一国的军队建立两国才能完成的功业。因此，即使军队在边境遭受风吹日晒雨淋，人民在国内劳苦疲惫，霸业也始终不能建立，这是秦国第三次失去建立霸业的机会。

【原文】

“赵氏，中央之国也，杂民之所居也，其民轻而难用，号令不治，赏罚不信，地形不便，上非能尽其民力，彼固亡国之形也，而不忧民氓[①]，悉其士民军于长平之下，以争韩之上党，大王以诏破之，拔武安[②]。当是时，赵氏上下不相亲也，贵贱不相信，然则是邯郸不守，拔邯郸，完河间[③]，引军而去，西攻修武[④]，逾羊肠，降代、上党[⑤]。代三十六县，上党十七县，不用一领甲，不苦一民，皆秦之有也。代、上党不战而已为秦矣，东阳、河外[⑥]不战而已反为齐矣，中山呼沲[⑦]以北不战而已为燕矣。

“然则是举赵则韩必亡，韩亡则荆、魏不能独立。荆、魏不能独立，则是一举而坏韩、蠹魏、挟荆，以东弱齐、燕，决白马之口[⑧]以流魏氏。一举而三晋亡，从者败。大王拱手以须[⑨]，天下遍随而伏，伯王之名可成也。而谋臣不为，引军而退，与赵氏为和。以大王之明，秦兵之强，伯王之业曾不可得，乃取欺于亡国，是谋臣之拙也。

“且夫赵当亡不亡，秦当伯不伯，天下固量秦之谋臣一矣。乃复悉卒以攻邯郸，不能拔也，弃甲兵弩，战栗而却，天下固量秦力二矣。军乃引退，并于李[⑩]下，大王又并军而至，与战非能厚胜之也，又交罢却，天下固量秦力三矣。内者量吾谋臣，外者极吾兵力。由是观之，臣以天下之从岂其难矣。内者吾甲兵顿，士民病，蓄积索，田畴荒，囷仓虚；外者天下比志甚固。愿大王有以虑之也！

“且臣闻之：‘战战慄慄，日慎一日。’苟慎其道，天下可有也。何以知其然也？昔者纣为天子，帅天下将甲百万，左饮于淇谷[⑪]，右饮于洹水[⑫]，淇水竭而洹水不流，以与周武为难。武王将素甲[⑬]三千领，战一日，破纣之国，禽其身，据其地，而有其民，天下莫伤。

“智伯[14]帅三国之众，以攻赵襄主[15]于晋阳，决水灌之。三年，城且拔矣。襄主错龟、数策、占兆[16]，以视利害，何国可降，而使张孟谈[17]。于是潜行而出，反智伯之约，得两国之众，以攻智伯之国，禽其身，以成襄子之功。今秦地断长续短，方数千里，名师数百万，秦国号令赏罚，地形利害，天下莫如也。以此与天下，天下可兼而有也。

“臣昧死望见大王，言所以一举破天下之从，举赵亡韩，臣荆、魏，亲齐、燕，以成伯王之，朝四邻诸侯之道。大王试听其说，一举而天下之从不破，赵不举，韩不亡，荆、魏不臣，齐、燕不亲，伯王之名不成，四邻诸侯不朝，大王斩臣以徇于国，以为王谋不忠者。”

【注释】

①氓（méng）：指从外地迁来之民。 ②武安：今河北武安。 ③河间：漳水、黄河之间，当时属于赵国的东部边境。 ④修武：今河南获嘉，当时属于赵国的城邑。 ⑤代：今山西东北部以及河北、内蒙古部分地区。上党：今山西东南部。 ⑥东阳：太行山以东的地区。河外：今山东清河、武城一带。 ⑦中山：国名，都城在河北定县，后来为赵所灭。呼沲：呼沱河，发源于山西繁峙，经河北、天津入海。 ⑧白马之口：黄河上的渡口，位于今河南滑县东。 ⑨须：通“胥”，等待。 ⑩李：李城，在今河南温县东。 ⑪淇谷：即淇水，发源于今山西陵川东境，流入卫河。 ⑫洹（huán）水：发源于今河南林县林虑山，流入卫河。 ⑬素甲：武王处于服丧期间，所以战士穿素服。 ⑭智伯：晋六卿之一，封地于智（在今山西永济县北）。六卿中智氏最强。 ⑮赵襄主：即赵襄子，晋国六卿之一。 ⑯错龟：即凿龟，在龟甲上钻孔。数策：按一定的方式计算蓍（shī）草的茎数，奇数记为阳，偶数记为阴，根据卦象进行占卜。占兆：根据龟甲被灼烧之后裂开的纹路预测吉凶。兆，裂纹的形状。 ⑰张孟谈：赵襄子的谋臣。

【译文】

“赵国是位于中央位置的国家，各方百姓杂居的地方。民众轻浮而难以任用，号令无法施行，赏罚不信，地形上没有防守的便利，统治者也没有能力充分调动民力，这本来就是要亡国的形势。而统治者不体恤民情，把士兵和民众全都派到长平的战场上，去和韩国争夺上党。大王下令攻打赵国，而后占领了武安。那个时候，赵国君臣不和睦，官民不信任，那么邯郸一定无法固守，秦军应该攻下邯郸，占领河间，再率军向西攻打修武，穿过羊肠险阻，攻占代和上党。这样，不费一兵一卒，代郡的三十六个县、上党郡的十七个县就都是秦国的了。代和上党没有经过战争就已为秦国所有，赵国东阳、河外等地没有经过战争就归齐国所有，中山、呼沱以北的土地没有经过战争就已为燕国所有。

“既然如此，那么攻下赵国之后，韩国必然灭亡；韩国灭亡以后，楚、魏就不能独立；楚、魏既然不能独立，就可以一举攻破韩国，折损魏国，挟持楚国，然后再往东去削弱齐、燕，挖开白马津的河口水淹魏国。如此，一举就可以灭三晋，而六国的合纵联盟也必将瓦解，大王只需拱手等待，天下诸侯就全都会相随臣服，霸王的名号就可以建立了。只可惜谋臣不但不这样做，反而率军撤退，跟赵国讲和。凭大王的贤明和秦军的强大，竟然建立不起天下霸主的基业，而且被即将灭亡的各诸侯国欺凌，这一切都是谋臣的愚昧笨拙导致的。

“赵国当亡不亡，秦国该称霸又不能称霸，天下人已看透了秦国谋臣，此其一。秦国曾用全国兵力去攻打邯郸，不但没有攻下，反而被打得丢盔卸甲，心生恐惧，这使天下人看透了秦军将士的斗志，此其二。军队退下来以后，都聚集在李城，大王又重整军队与之再战，可是并没有取得大胜就纷纷撤退，使天下人看透了秦军的战斗力，此其三。天下人在内看透了秦国的谋臣，在外看透了秦国的兵力。由此看来，我认为诸侯的合纵力量是不难组织的。如今秦国的军队疲劳不堪，人民极端困顿，再加上积蓄用尽、田园荒芜、仓库空虚，而国外诸侯合纵联盟的决心十分坚固，形势危急。希望大王能多加考虑这件事！

“我又听人说：‘战战兢兢，日慎一日。’假如谨慎得法，可以占有全天下。怎么知道是这样呢？古代殷纣王率领天下百万大军出征，左边的军队还在淇谷饮马，右边的军队已到洹水喝水了，竟把淇水和洹水都喝干了。殷纣王用这么雄壮庞大的大军跟周武王作战，可是周武王只率领了三千名穿着素甲的战士迎敌，在甲子日一战就打败并活捉了纣王，俘虏了殷的全部臣民，拥有了殷的全部土地，天下竟没有一个人同情纣王。

“以前智伯率领韩、赵、魏三国的兵众前往晋阳，去攻打赵襄子。智伯掘开晋水，采取水攻。经过三年之久的攻打，当晋阳城快被攻下时，赵襄子用凿龟甲、数蓍草、看裂纹等方法进行占卜，看看自己命运的吉凶，预测双方到底谁败降，随后派赵国大臣张孟谈悄悄出城，破坏韩、魏与智伯的盟约，结果争取到韩、魏两国的合作，然后与两国合力攻打智伯，终于大败智伯的军队，俘虏了智伯本人，成就了一番功业。如今秦国的土地，截长补短，方圆有数千里，精兵数百万，号令严明，赏罚有信，地势优越，天下诸侯都比不上。如果秦国凭这种优势与天下诸侯争胜，就可以征服整个天下。

“我冒死前来求见大王，谈论怎样能够破坏天下的合纵势力，灭赵亡韩，迫使楚、魏称臣，联合齐、燕，建立霸王之业，让天下诸侯都来朝拜。请大王试着听听我的策略，假如不能一举而瓦解天下的合纵势力，攻不下赵，灭不了韩，不能使魏、楚称臣，齐、燕加盟，不能使霸王之业建立，也不能让天下诸侯来朝拜，那就请大王砍下我的头示众，以警诫那些为君主谋划而不尽忠的臣子。”

司马错与张仪争论于秦惠王前

【原文】

司马错[①]与张仪争论于秦惠王前。司马错欲伐蜀，张仪曰：“不如伐韩。”王曰：“请闻其说。”

对曰：“亲魏善楚，下兵三川[②]，塞轘辕[③]、缑氏[④]之口，当屯留之道，魏绝南阳[⑤]，楚临南郑[⑥]，秦攻新城、宜阳[⑦]，以临二周之郊，诛周主之罪，侵楚、魏之地。周自知不救，九鼎宝器必出。据宝鼎，案图籍，挟天子以令天下，天下莫敢不听，此王业也。今夫蜀，西辟之国，而戎狄之长也，弊兵劳众不足以成名，得其地不足以为利。臣闻：‘争名者于朝，争利者于市。’今三川、周室，天下之市朝也，而王不争焉，顾[⑧]争于戎狄，去王业远矣。”

司马错曰：“不然。臣闻之，欲富国者，务广其地；欲强兵者，务富其民；欲王者，务博其德。三资者备，而王随之矣。今王之地小民贫，故臣愿从事于易。夫蜀，西辟之国也，而戎狄之长也，而有桀、纣之乱。以秦攻之，譬如使豺狼逐群羊也。取其地，足以广国也；得其财，足以富民；缮兵不伤众，而彼已服矣。故拔一国，而天下不以为暴；利尽西海[⑨]，诸侯不以为贪。是我一举而名实两符，而又有禁暴正乱之名。今攻韩劫天子，劫天子，恶名也，而未必利也，又有不义之名，而攻天下之所不欲，危！臣请谒其故。周，天下之宗室也；齐，韩、周之与国也。周自知失九鼎，韩自知亡三川，则必将二国并力合谋，以因于齐、赵，而求解乎楚、魏。以鼎与楚，以地与魏，王不能禁。此臣所谓'危'，不如伐蜀之完也。"

惠王曰："善！寡人听子。"卒起兵伐蜀，十月取之，遂定蜀。蜀主更号为侯，而使陈庄[⑩]相蜀。蜀既属，秦益强富厚，轻诸侯。

【注释】

①司马错：秦将，魏惠王后元九年（前316年）率兵灭蜀，昭襄王六年（前301年）蜀侯叛乱，司马错再次平乱，后任蜀郡守。 ②三川：在今河南省西北部，黄河、伊河、洛河流经其地，故名。 ③轘（huán）辕：山名，在今河南巩县西南，山路盘曲，地势险要。 ④缑（gōu）氏：在今河南偃师县东南，为军事要地。 ⑤南阳：在今河南济源、孟县、温县一带，因其在太行山南、黄河以北，故称南阳。 ⑥南郑：韩国都城，在今河南新郑县。此非汉中之南郑。 ⑦新城：在今河南伊川县西南。宜阳：地名，在今河南宜阳县西。 ⑧顾：反而。 ⑨西海：古人认为中国处于四海之内，蜀国在西部，故称之为"西海"。 ⑩陈庄：秦国大臣。

【译文】

司马错跟张仪在秦惠王面前争论战事。司马错主张先去攻打蜀国，张仪说："不如先去攻打韩国。"秦惠王说："请你们各自说说理由。"

张仪说："我们先跟楚、魏两国结盟，然后再出兵三川，堵住轘辕和缑氏山的关口，挡住屯留的孤道，这样魏国就能阻止韩国出兵南阳，使楚军进逼韩国都城南郑，这时我们秦兵再攻打新城、宜阳，兵临东西周城外，惩罚二周的罪过，占领楚、魏两国的土地。周王自知无法解救，一定会交出九鼎等宝物。我们据有九鼎之后，再按照地图和户籍，假借周天子的名义号令诸侯，天下没有敢不听我们命令的，这才是霸王之业。现在的蜀国，只不过是西方一个边远小国，戎狄各族的首领，即使劳民伤财发兵前往攻打，也不足以因此而建立霸业。臣常听人说：'争名的人要出入朝廷，争利的人要出入市场。'现在三川、周室乃是天下的朝廷和市场，可是大王却不去争，反而争夺戎、狄等蛮夷之邦，这距离霸王之业实在太远了。”

司马错说：“不是这样的，我听说，要想使国家富强，务必先扩张领土；要想兵强马壮，必须先使人民富足；要想得到天下，一定要先广施仁政。这三件事都做到以后，自然可以获得天下。如今大王地盘小，百姓穷，所以臣希望大王先从容易的地方着手。因为蜀国是一个偏僻小国，而且是戎狄各族的首领，并且有像夏桀、商纣一样的祸乱，如果用秦国的兵力去攻打蜀国，就好像派狼群去驱逐羊群一样简单。秦国得到蜀国的土地可以扩大版图，得到蜀国的财富可以使百姓富足；虽是用兵却不伤害一般百姓，并且又让蜀国自动屈服。秦灭掉了蜀这样的小国，诸侯不会认为秦暴虐；即使秦抢走蜀国的一切珍宝，诸侯也不会认为秦国贪婪。我们只要做伐蜀一件事，就可以名利双收，甚至还可以得到制止暴虐、平息骚乱的美名。去攻打韩国，劫持天子，这是一个千夫所指的恶名，不见得能获得什么利益，反而会落得一个不仁不义的坏名声。干天下人不愿做的事情，实在是一件危险的事。请让我讲明理由：周天子是天下的共主，同时齐是韩与周的友邦，一旦周知道自己要失掉九鼎，韩清楚自己要失去三川，两国必然精诚合作，联络齐、赵去解楚、魏之围，自动地把九鼎献给楚，把土地割让给魏，这一切大王是不能制止的，这也就是臣所说的危险所在。因此，攻打韩国是失策，先伐蜀才是万全之计。”

秦惠王说：“好！寡人听你的。”于是秦国就出兵攻打蜀，经过十个月的征讨，终于占领了蜀地，把蜀主的名号改为侯，并且派秦臣陈庄去辅佐蜀侯。蜀地划归秦国的版图之后，秦国越发强盛富足，而且更加轻视天下诸侯。

楚攻魏

【原文】

楚攻魏。张仪谓秦王[①]曰：“不如与魏以劲之，魏战胜，复听于秦，必入西河[②]之外；不胜，魏不能守，王必取之。”王用仪言，取皮氏[③]卒万人，车百乘，以与魏。犀首[④]战胜威王，魏兵罢弊，恐畏秦，果献西河之外。

【注释】

①秦王：秦惠王。②西河：即魏国的西河郡，治所在今陕西东部的沿河地区。③皮氏：位于今山西河津以西。④犀首：指魏臣公孙衍。此处以官职指代人。

【译文】

楚国攻打魏国。张仪对秦惠王说："您不如支持魏国以加强它的力量，假如魏国能战胜，它将听命于秦，一定会割让西河之外的土地给我们；假如魏国战败，它将无力防守，大王还可以将魏国夺过来。"秦王采纳了张仪的计策，从皮氏调派了将士万人和战车百辆，支援魏国。魏将公孙衍战胜了楚威王的军队，但魏军这时已经疲惫不堪，害怕秦国，果真把西河之外的地方献给了秦国。

张仪又恶陈轸于秦王

【原文】

张仪又恶陈轸[①]于秦王，曰："轸驰楚、秦之间，今楚不加善秦而善轸，然则是轸自为而不为国也。且轸欲去秦而之楚，王何不听乎？"

王谓陈轸曰："吾闻子欲去秦而之楚，信乎？"陈轸曰："然。"王曰："仪之言果信也。"曰："非独仪知之也，行道之人皆知之。曰孝己[②]爱其亲，天下欲以为子；子胥忠乎其君，天下欲以为臣。卖仆妾售乎闾巷者，良仆妾也；出妇嫁乡曲者，良妇也。吾不忠于君，楚亦何以轸为忠乎？忠且见弃，吾不之楚，何适乎？"秦王曰："善。"乃止之也。

【注释】

①陈轸：夏人，善游说，曾仕秦、楚。②孝己：商朝君主武丁之子，非常孝顺。

【译文】

张仪又在秦王前面说陈轸的坏话："陈轸奔走于楚国、秦国之间，如今楚国对秦国不友善，对陈轸却很好。既然这样，那么陈轸全是为了自己打算，而不是为了秦国。况且陈轸又打算离开秦国，到楚国去，大王为什么

不明察此事呢？”

秦王对陈轸说：“我听说你打算离开秦国，到楚国去，是真的吗？”陈轸回答说：“是这样的。”秦王说：“张仪的话果然是真的。”陈轸回答：“不止张仪一个人知道这件事，就连路人也知道！常言道，孝己因为孝顺他的父母，全天下的父母都想把孝己当作自己的儿子；伍子胥忠于吴王，全天下的君王都想让伍子胥做自己的大臣。仆妾能卖给邻里的，这才是好仆妾；被休的妻子能改嫁到本乡的，就证明她是一个好女人。我如果不忠于您，楚王凭什么认为我会是个忠臣呢？我一片忠心尚且被遗弃，我不去楚国，又能到哪里去呢？”秦王说：“您说得有道理啊。”于是制止了陈轸离秦去楚的举动。

陈轸去楚之秦

【原文】

陈轸去楚之秦。张仪谓秦王曰：“陈轸为王臣，常以国情输楚。仪不能与从事，愿王逐之。即复之楚，愿王杀之。”王曰：“轸安敢之楚也。”

王召陈轸告之曰：“吾能听子言，子欲何之？请为子车约。”对曰：“臣愿之楚。”王曰：“仪以子为之楚，吾又自知子之楚。子非楚，且安之也！”轸曰：“臣出，必故之楚，以顺王与仪之策，而明[①]臣之楚与不也。楚人有两妻者，人誂[②]其长者，长者詈[③]之；誂其少者，少者许之。居无几何[④]，有两妻者死。客谓誂者曰：‘汝取长者乎？少者乎？’‘取长者。’客曰：‘长者詈汝，少者和汝，汝何为取长者？’曰：‘居彼人之所，则欲其许我也；今为我妻，则欲其为我詈人也。’今楚王明主也，而昭阳[⑤]贤相也。轸为人臣，而常以国情输楚王，王必不留臣，昭阳将不与臣从事矣。以此明臣之楚与不。”

轸出，张仪入，问王曰：“陈轸果安之？”王曰：“夫轸天下之辩士也，孰视寡人曰：‘轸必之楚。’寡人遂无奈何也。寡人因问曰：‘子必之楚也，则仪之言果信矣！’轸曰：‘非独仪之言也，行道之人皆知之。昔者子胥忠其君，天下皆欲以为臣；孝己爱其亲，天下皆欲以为子。故卖仆妾不出里巷而取者，良仆妾也；出妇嫁于乡里

者，善妇也。臣不忠于王，楚何以轸为？忠尚见弃，轸不之楚，而何之乎？'"王以为然，遂善待之。

【注释】

①明：表明，证明。②诳（tiǎo）：逗引，诱惑。③詈（lì）：责骂。④居无几何：过了没有多久。⑤昭阳：姓昭名阳，担任楚国的上柱国、令尹，掌握着楚国的军政大权。

【译文】

陈轸离开楚国前往秦国，张仪对秦惠王说："陈轸身为大王的臣子，却常常把秦国的国情泄露给楚国。我不愿跟这样的人同朝共事，希望大王把他赶出秦国。如果他想重回楚国，希望大王杀掉他。"惠王说："陈轸怎么敢回楚国呢？"

秦惠王召见陈轸并询问他说："寡人尊重贤卿的意见，只要贤卿说出要到哪里，寡人就为你准备车马。"陈轸回答说："我想要去楚国！"秦惠王说："张仪认为你一定会去楚国，而寡人也知道你将去楚国，何况如果你不去楚国，又将在哪里安身呢？"陈轸说："如此说来，我离开秦国以后，必然要故意去楚国，以顺从大王和张仪的策略和判断，并且表明我与楚国真正的关系。楚国有一个娶了两个妻子的人，有人去勾引他的长妻，长妻大骂勾引者；勾引少妻时，少妻欣然顺从了。没过多久，有两个妻子的男人死了，一位客人问勾引者：'你是娶他的长妻，还是娶他的少妻呢？'勾引者回答说：'我娶长妻！'客人问：'长妻曾经骂过你，而少妻服从了你，你为什么反而要娶长妻呢？'勾引者说：'当她们做别人的妻子时，我希望她们能够顺从我；如果做了我的妻子，我则喜欢当初不接受我勾引的那个。'如今楚王是一位明主，宰相昭阳是一位贤臣。我陈轸身为大王的臣子，如果经常把国事泄露给楚王，那么楚王必定因为上述的道理而不收留我，昭阳也不愿意跟臣同朝共事。我可以凭此证明我是否倾向于楚国。"

陈轸离开以后，张仪进来问秦惠王说："陈轸到底要去哪里？"惠王说："那个陈轸真是天下的辩士呢，他认真地看着我说：'我陈轸一定要到楚国去。'我实在对他无可奈何，便问他：'如果你一定要到楚国去，那么张仪的话就说对了！'陈轸说：'不但张仪这么说，就是路人也都知道。从前伍子胥尽忠于吴王，天下的国君都想要他做臣子；孝己孝顺他的父母，天下的父母都想要他做儿子。所以，被卖给别人做仆妾的人，不出里巷就有人要的，一定是好仆妾；被遗弃的妇人，仍旧嫁在她的乡里的，也一定是好女人。我陈轸如果不忠于大王您，楚国还要我做什么呢？忠心的人尚且被人撵走，我不到楚国，还能到哪里去呢？'"秦惠王认为陈轸说得很对，便好好地对待他了。

齐助楚攻秦

【原文】

齐助楚攻秦，取曲沃①。其后，秦欲伐齐，齐、楚之交善，惠王患之，谓张仪曰："吾欲伐齐，齐、楚方欢，子为寡人虑之，奈何？"张仪曰："王其为臣约车并币②，臣请试之。"

张仪南见楚王，曰："弊邑之王所说甚者，无大大王③；唯仪之所甚愿为臣者，亦无大大王。弊邑之王所甚憎者，亦无先齐王；唯仪之甚憎者，亦无大齐王。今齐王之罪，其于弊邑之王甚厚，弊邑欲伐之，而大国与之欢，是以弊邑之王不得事令，而仪不得为臣也。大王苟能闭关绝齐，臣请使秦王献商於之地，方六百里。若此，齐必弱，齐弱则必为王役④矣。则是北弱齐，西德于秦，而私商於之地以为利也，则此一计而三利俱至。"

【注释】

①曲沃：在今河南陕县曲沃镇。 ②并币：各种礼物。并，合，非一种之意。币，此指礼物。 ③无大大王：莫过于大王。 ④必为王役：为楚王所役使。

【译文】

齐国帮助楚国进攻秦国，攻取了曲沃。后来秦想要讨伐齐国，可是由于齐、楚两国亲善，秦惠王为此甚为担忧，对张仪说："寡人想要发兵讨伐齐国，无奈齐、楚两国关系密切，请贤卿为寡人考虑一下怎么办才好？"张仪说："请大王为臣准备车马和礼物，让臣去南方游说楚王试试看！"

于是张仪去南方楚国拜见楚怀王，说："敝国国王最敬重的人莫过于大王了，我也希望给大王你做臣子；敝国最痛恨的莫过于齐国，而臣张仪最不愿侍奉的君主莫过于齐王。如今齐国的罪恶对秦王来说十分严重，因此秦国才准备发兵征讨齐国，无奈贵国跟齐国邦交甚欢，因此秦王无法好好地侍奉大王您，我也无法做大王的忠臣。如果大王能关起国门，跟齐断绝邦交，让臣劝秦王献上方圆六百里的商於，齐就丧失了后援，必定走向衰弱；齐走向衰弱以后，必然会听从大王号令。大王如果能这样做，楚国不但在北面削弱了齐国的势力，还在西南对秦国施加恩惠，同时更获得了商於六百里的土地，这真是一举三得的上策。”

【原文】

楚王大说[1]，宣言之于朝廷，曰：“不穀[2]得商於之田，方六百里。”群臣闻见者毕贺，陈轸后见，独不贺。楚王曰：“不穀不烦一兵，不伤一人，而得商於之地六百里，寡人自以为智矣！诸士大夫皆贺，子独不贺，何也？”陈轸对曰：“臣见商於之地不可得，而患必至也，故不敢妄贺。”王曰：“何也？”对曰：“夫秦所以重王者，以王有齐也。今地未可得而齐先绝，是楚孤也，秦又何重孤国？且先出地后绝齐，秦计必弗为也。先绝齐后责地，且必受欺于张仪。受欺于张仪，王必惋之。是西生秦患，北绝齐交，则两国兵必至矣。”楚王不听，曰：“吾事善矣！子其弭口无言，以待吾事。”楚王使人绝齐，使者未来，又重绝之。

张仪反，秦使人使齐，齐、秦之交阴合。楚因使一将军受地于秦。张仪至，称病不朝。楚王曰：“张子以寡人不绝于齐乎？”乃使勇士往詈齐王。张仪知楚绝齐也，乃出见使者曰：“从某至某，广从六里。”使者曰：“臣闻六百里，不闻六里。”仪曰：“仪固以小人，安得六百里？”使者反报楚王，楚王大怒，欲兴师伐秦。陈轸曰：“臣可以言乎？”王曰：“可矣。”轸曰：“伐秦非计也，王不如因而赂之一名都，与之伐齐，是我亡于秦而取偿于齐也。楚国不尚全乎？王今已绝齐，而责欺于秦，是吾合齐、秦之交也，国必大伤。”

楚王不听，遂举兵伐秦。秦与齐合，韩氏从之。楚兵大败于杜陵[3]。故楚之土壤士民非削弱，仅以救亡者，计失于陈轸，过听于张仪。

【注释】

①说：同“悦”。②不穀：古代诸侯谦称自己。③杜陵：楚邑，在今山西旬阳县西。

【译文】

楚怀王一听，非常高兴，便在朝廷上宣布："寡人已经从秦国得到商於六百里的土地！"群臣听了怀王的宣布，都向怀王道贺，客卿陈轸最后觐见，而且不向怀王道贺。怀王很诧异地问："寡人不劳烦一兵，也不伤一人，就得到商於六百里的土地，寡人认为这是一次外交上的重大胜利，朝中文武百官都向寡人道贺，只有你一人不道贺，这是为什么？"陈轸回答说："我认为，大王不但得不到商於六百里，反而会招来祸患，所以臣才不敢随便向大王道贺。"怀王问："什么道理呢？"陈轸回答说："秦王之所以重视大王，是因为有齐国这样一个强大的盟邦。如今秦国还没把地割给大王，大王就跟齐国断绝邦交，如此就会使楚国陷入孤立状态，秦国又怎会重视一个孤立无援的国家呢？何况如果先让秦国割让土地，楚国再跟齐断绝邦交，秦国必不肯这样做；要是楚国先跟齐国断交，再向秦要求割让土地，必然会遭到张仪的欺骗而得不到土地。受了张仪的欺骗，以后大王必然懊悔万分。结果是西面惹出秦国的祸患，北面切断了齐国的后援，这样秦、齐两国的兵都将进攻楚国。"楚王不听从，说："我的事已经办妥当了，你就闭嘴，不要再多说，等待寡人来处理这件事吧！"于是怀王就派使者前往齐国，宣布跟齐断绝邦交，还没等第一个绝交使者回来，楚王竟急着第二次派人去与齐国绝交。

张仪回到秦国之后，秦王就赶紧派使者前往齐国游说，秦、齐的盟约暗中缔结成功。果然不出陈轸所料，当楚国一名将军去秦国接收土地时，张仪为了躲避楚国的索土使臣，竟然装病不上朝，楚怀王说："张仪以为寡人不愿诚心跟齐国断交吗？"就派了一名勇士前去骂齐王，张仪在证实楚、齐确实断交以后，才勉强出来接见楚国的索土使臣，说："敝国赠送给贵国的土地，是这里到那里，方圆总共是六里。"楚国使者很惊讶地说："我只听说是六百里，却没有听说是六里。"张仪赶紧郑重其事地巧辩说："我张仪在秦国只不过是一个微不足道的小官，怎么能说有六百里呢？"

楚国使节回国报告楚怀王以后，怀王大怒，准备发兵去攻打秦国。这时陈轸走到楚王面前表示："现在我可以说话了吗？"怀王说："可以。"于是陈轸说："楚国发兵去攻打秦国，绝对不是一个好办法。大王不如趁此机会，不但不向秦国索要商於六百里的土地，反而再送给秦国一个大都市，目的是跟秦联兵伐齐，如此或许可以把损失在秦国手里的土地再从齐国那里拿回来，这不就等于楚国没有损失吗？大王已经跟齐国绝交，现在又去责备秦国的失信，岂不是在加强秦、齐两国的邦交吗？这样的话，楚国必受大害！”

可惜楚怀王仍然没有采纳陈轸的忠谏，而是照原计划发兵北去攻打秦国。秦、齐两国组成联合阵线，同时韩宣王也加入了这一军事同盟，楚军在杜陵被三国联军打败。结果，楚国不但被削弱，而且差点灭亡，这都是由于没有采用陈轸的计策，错误地听信了张仪的花言巧语。

楚绝齐

【原文】

楚绝齐，齐举兵伐楚。陈轸谓楚王曰：“王不如以地东解于齐，西讲于秦。”

楚王使陈轸之秦。秦王谓轸曰：“子，秦人也，寡人与子故也，寡人不佞[①]，不能亲国事也，故子弃寡人事楚王。今齐、楚相伐，或谓救之便，或谓救之不便，子独不可以忠为子主计，以其余为寡人乎？”陈轸曰：“王独不闻吴人之游楚者[②]乎？楚王甚爱之，病，故使人问之，曰：‘诚病乎？意亦思乎[③]？’左右曰：‘臣不知其思与不思，诚思，则将吴吟。’今轸将为王‘吴吟’。王不闻管与[④]之说乎？有两虎诤[⑤]人而斗者，管庄子[⑥]将刺之，管与止之曰：‘虎者，戾虫；人者，甘饵也。今两虎诤人而斗，小者必死，大者必伤。子待伤虎而刺之，则是一举而兼两虎也。无刺一虎之劳，而有刺两虎之名。’齐、楚今战，战必败一。败，王起兵救之，有救齐之利，而无伐楚之害。计听知覆逆者，唯王可也。计者，事之本也；听者，存亡之机。计失而听过，能有国者寡也。故曰：‘计有一二者难悖也，听无失本末者难惑。’”

【注释】

①不佞：没有才能，自谦之言。佞，才智。 ②游楚者：在楚国做官的人。③意亦思乎：或者只是思念吴国吗？意，通“抑”，或者。亦，只是。 ④管与：鲁

人，其事不详。⑤诤：同“争”。⑥管庄子：即卞庄子，春秋时鲁国勇士。

【译文】

楚国与齐断交后，齐发兵讨伐楚国。陈轸对楚怀王说：“大王不如把土地送给东方的齐国求得和解，然后再跟西方的秦国建立邦交。”

于是楚怀王派陈轸出使秦国。秦惠王对陈轸说：“你本来就是秦国人，而且我和你是故交。可惜寡人不能识才，对于处理国家大事又欠周详，以致你离开寡人去侍奉楚王。如今齐、楚两国互相攻伐，有的人认为制止有利，有的人认为制止无利。你为何不在为楚国效忠之余，给我出一点主意呢？”陈轸说：“大王难道没听说过吴国人到楚国去做官的故事吗？楚王很欣赏这位客卿，有一次这位客卿生了病，楚王就派人去问候说：‘是真生病，还是思念吴国呢？’左右侍臣回答说：‘不知道他是不是思乡，果真是思乡的话，那他就要唱吴歌了。’如今我就准备为大王唱吴歌。不知大王有没有听说管与的故事？这个故事是说有两只老虎，因为争吃人肉而打斗起来，管庄子准备去刺杀这两只虎，管与赶忙来制止说：‘老虎是贪狠的大虫，人肉是它们最香甜的食物，如今两只老虎为争吃人肉而打斗，弱小的一方必然因斗败而死，强大的一方也必然因苦斗而伤，你就等着去刺杀那只受伤的大虎吧！这是一举而杀两虎的妙计，不用费杀死一只老虎的辛苦，却能兼得刺杀两只虎的英名。’如今齐、楚两国苦战，战则必有一方失败，如果齐国败了，大王再出兵救援，既能获得救齐的好处，而又没有伐楚的危险与害处。是否听从我的计谋，预知事情的反复逆顺，就全由大王自己定夺了。计谋是做事的根本，听从良计是国家存亡的关键。计谋错了，又听从错计，能保住的国家很少。所以说：‘计谋要反复思虑才不会出错，听从本末兼顾的建议才不会被迷惑。’”

医扁鹊见秦武王

【原文】

医扁鹊[①]见秦武王，武王示之病，扁鹊请除。左右曰：“君之病，在耳之前，目之下，除之未必已也，将使耳不聪，目不明。”君以告扁鹊。扁鹊怒而投其石[②]曰：“君与知之者谋之，而与不知者败之。使此知秦国之政也，则君一举而亡国矣。”

【注释】

①扁鹊：战国时名医，姓秦名越人，渤海郡（今河北邱县）人，医疗经验丰富，擅长各科疾病，反对巫术治病。入秦后，太医令李醯（xī）自知不如，派人将他刺死。②石：石针，即砭，古人用以扎皮肉来治病。

【译文】

医生扁鹊拜见秦武王，武王向扁鹊陈述了自己的病情，扁鹊请求为武王治病。武王身边的人说："大王的病在耳朵的前面，眼睛的下面，治疗不一定能根除，弄不好反而会使听力受损，视力不清。"武王把这话告诉了扁鹊，扁鹊愤怒地丢掉石针，说："大王让懂医术的人治病，又让不懂医道的人从中破坏。由此可知秦国的国政了。大王如果用此法治国，一举就可以使国家覆灭了。"

秦武王谓甘茂曰

【原文】

秦武王谓甘茂曰："寡人欲车通三川，以窥周室，而寡人死不朽矣。"甘茂对曰："请之魏，约伐韩。"王令向寿[①]辅行。

甘茂至魏，谓向寿："子归告王曰：'魏听臣矣，然愿王勿攻也。'事成，尽以为子功。"向寿归以告王，王迎甘茂于息壤[②]。

甘茂至，王问其故。对曰："宜阳，大县也，上党、南阳积之久矣，名为县，其实郡也。今王倍数险，行千里而攻之，难矣。臣闻张仪西并巴、蜀之地，北取西河之外，南取上庸[③]，天下不以为多张仪，而贤先王。魏文侯令乐羊[④]将，攻中山，三年而拔之，乐羊反而语功，文侯示之谤书一箧，乐羊再拜稽首[⑤]曰：'此非臣之功，主君之力也。'今臣羁旅之臣也，樗里疾、公孙郝[⑥]二人者，挟韩而议，王必听之，是王欺魏，而臣受公仲侈之怨也。

"昔者曾子[⑦]处费，费[⑧]人有与曾子同名族者而杀人，人告曾子母曰：'曾参杀人。'曾子之母曰：'吾子不杀人。'织自若。有顷焉，人又曰：'曾参杀人。'其母尚织自若也。顷之，一人又告之曰：'曾参杀人。'其母惧，投杼逾墙而走。夫以曾参之贤与母之信也，而三人疑之，则慈母不能信也。今臣贤不及曾子，而王之信臣又未若曾子之母也，疑臣者不适[9]三人，臣恐王为臣之投杼也。”王曰：“寡人不听也，请与子盟。”于是与之盟于息壤。

果攻宜阳，五月而不能拔也。樗里疾、公孙郝二人在争之王，王将听之，召甘茂而告之。甘茂对曰：“息壤在彼。”王曰：“有之。”因悉起兵，复使甘茂攻之，遂拔宜阳。

【注释】

①向寿：秦昭王母亲宣太后的外族，为秦武王所亲近。秦军攻克宜阳之后，秦王即派他驻守宜阳。②息壤：在今陕西咸阳市东郊。③上庸：在今湖北竹山县西南。④乐羊：魏文侯手下的将领。⑤稽（qǐ）首：叩头至地并作较长时间的停留，是最隆重的礼节。⑥樗里疾、公孙郝：二人都是秦国的公族，都主张亲韩。⑦曾子：曾参，字子舆，春秋时鲁国人，孔子的弟子。⑧费：地名，故城在今山东费县西南。⑨不适（chì）：不仅。适，通“啻”。

【译文】

秦武王对甘茂说：“我想出兵打通三川，以便窥探周王朝，那样的话，我就是死了，我的功业也会不朽的。”甘茂回答说：“请允许我去魏国，与他们相约一起攻打韩国。”于是，武王派遣向寿做甘茂的副使，命二人一起出使魏国。

甘茂来到魏国，对向寿说：“您回去告诉武王：‘魏王已同意与我结盟。但希望大王不要进攻韩国。’这件事办成了，一切功劳都归你。”向寿回国把这话告诉了武王，武王便到息壤去迎接甘茂。

甘茂到了息壤，武王问他不要攻韩的缘故，甘茂回答说：“宜阳是韩国的大县，聚积了上党和南阳两地的财富，它名义上是县，实际上相当于一个郡。如今大王要面对重重险阻，将士们要跋涉千里去攻打宜阳，实在太难！我听说，张仪向西兼并了巴、蜀，在北面取得了西河郡之外的地方，南下占有了上庸，而天下人并不因此而称赞张仪，却认为先王是贤明的。魏文侯派乐羊领兵攻打中山，三年就攻了下来。乐羊返回魏国称赞自己的功劳时，魏文侯拿出整整一箱群臣诽谤乐羊的书函给乐羊看，乐羊拜了两拜，叩头至地，说：‘这不是我的功劳，是主上的力量啊！’我现在只不过是秦国的羁旅之臣，樗里疾、公孙郝这两个人抱着对韩国的偏心，非议攻韩之举，大王必会听从。如果是这样，大王就欺骗了魏国，而我也将受到韩国相国公仲侈的怨恨。

“从前曾参住在费地，费地有个和曾参同姓同名的人杀了人。有人告诉曾参的母亲：‘曾参杀人了。’曾参的母亲说：‘我的儿子不会杀人。’她只管织布。过了一会儿，又有人跑来说：‘曾参杀人了。’曾参的母亲还是只管织布。又过了一会儿，又来了一个人说：‘曾参杀人了。’曾参的母亲害怕起来，丢下织布梭子，翻墙逃跑了。曾参这样贤德，他的母亲对自己的儿子又是那样信任，可是只需三个人说他杀了人，他的母亲便疑惑了，怀疑起他来。现在我不如曾参贤能，大王相信我又比不上曾参的母亲相信曾参，怀疑我的人更不止三个，我担心大王也要因我而丢下织布梭子！”武王说：“我不会被他人的议论左右，让我们订立盟约吧！”因此便同甘茂在息壤订立了盟约。

甘茂攻打宜阳时，果然一连五个月还不能攻下。樗里疾和公孙郝二人就在武王面前非议攻打宜阳之事，以攻击甘茂，武王打算听从他们的意见，于是召见甘茂，说攻打宜阳确实是错误的。甘茂对武王说：“息壤的盟誓就摆在那里！”武王说：“确实有这回事。”于是调动了全部兵力，让甘茂继续进攻宜阳，终于如愿以偿。

甘茂亡秦且之齐

【原文】

甘茂亡秦且之齐[①]，出关[②]遇苏子[③]，曰：“君闻夫江上之处女[④]乎？”苏子曰：“不闻。”曰：“夫江上之处女，有家贫而无烛者，处女相与语，欲去之。家贫无烛者将去矣，谓处女曰：‘妾以无烛，故常先至，扫室布席，何爱余明之照四壁者？幸以赐妾，何妨于处女？妾自以有益于处女，何为去我？’处女相语以为然而留之。今臣不肖，弃逐于秦而出关，愿为足下扫室布席，幸无我逐也。”苏子曰：“善。请重公于齐。”

乃西说秦王曰：“甘茂，贤人，非恒士也。其居秦累世重矣[⑤]，自崤塞、谿谷，地形险易尽知之。彼若以齐约韩、魏，反以谋秦，是非秦之利也。”秦王曰：“然则奈何？”苏秦曰：“不如重其贽[⑥]、厚其禄以迎之。彼来则置之槐谷，终身勿出，天下何从图秦？”秦王曰："善。"与之上卿[⑦]，以相迎之齐。甘茂辞不往。

苏秦为谓齐王曰："甘茂，贤人也。今秦与之上卿，以相迎之，茂德王之赐，故不往，愿为王臣。今王何以礼之？王若不留，必不德王。彼以甘茂之贤，得擅用强秦之众，则难图也。"齐王曰："善。"赐之上卿，命而处之。

【注释】

①甘茂亡秦且之齐：秦昭王元年（前306年），甘茂为向寿、公孙郝等人所谗，故逃亡。且，将。 ②关：函谷关。 ③苏子：后文作"苏秦"，当时苏秦正为齐出使于秦。 ④处女：未出嫁的女子。 ⑤其居秦累世重矣：甘茂曾先后辅佐过秦惠王、武王、昭王，所以说他数世受重用。 ⑥贽（zhì）：古代人见面时馈赠对方的礼物。 ⑦上卿：最高的爵位。

【译文】

甘茂从秦国出逃，将要去齐国。出了函谷关，遇见了苏秦，说："您听说过江上处女的故事吗？"苏秦说："没有。"甘茂说："在江上的众多女子中，有一个家里贫穷得没有烛火的女子。其他的处女商量了一番，决定把她赶走。家贫无烛的那个处女准备离去，临行时对其他处女说：'我因为没有烛，所以经常先到，打扫屋子，铺好席子。你们为何吝惜那一点余光呢？大方地赐一点给我，你们又有什么损失呢？我自认为对你们还是有益处的，为什么你们一定要赶我走呢？'处女们又商量了一番，都认为她说得对，就把她留下来了。现在我由于没有本领，被秦国赶到关外，我愿意为您打扫屋子、铺席子，请不要把我赶走。"苏秦说："好，我会设法让齐国重用您的。"

苏秦就西行至秦国，向秦王进言说："甘茂非常贤能，不是寻常人。他受到秦国几代君王的重用，从崤山、函谷关直至谿谷等复杂的地形情况，他都一清二楚。他如果通过齐国联合韩、魏，反过来算计秦国，对秦国是没有什么好处的。"秦王说："既然这样，那么该怎么办呢？"苏秦说："您不如用贵重的礼物和丰厚的俸禄去接他回秦国。他要是回来了，您可以把他安置在槐谷，让他终生都不得出逃，这么一来，诸侯又凭什么算计秦国呢？"秦王说："好。"于是给甘茂以上卿的高位，拿了相印到齐国去迎接他。甘茂推辞不去。

苏秦回到齐国之后对齐王说："甘茂是个贤能的人，如今秦王请他去做上卿，拿了相印去迎接他。但甘茂因为感激您的恩赐，所以没去秦国，希望做大王的臣子。大王您打算怎样对待他？如果您不留下他，他一定不会再感激大王。以甘茂的才能，统率强秦的军队一定易如反掌，到时秦国就难以对付了。"齐王说："好。"于是，赐甘茂为上卿，使他留在齐国。

秦宣太后爱魏丑夫

【原文】

秦宣太后爱魏丑夫①。太后病将死，出令曰："为我葬，必以魏子为殉。"魏子患之。庸芮②为魏子说太后曰："以死者为有知乎？"太后曰："无知也。"曰："若太后之神灵，明知死者之无知矣，何为空以生所爱葬于无知之死人哉？若死者有知，先王积怒之日久矣，太后救过不赡，何暇乃私魏丑夫乎？"太后曰："善。"乃止。

【注释】

①秦宣太后：秦惠王的皇后，昭襄王之母，故言"太后"。魏丑夫：魏人，秦宣太后的男宠。②庸芮：人名，秦臣。

【译文】

秦宣太后爱恋魏丑夫，她在病重将死时下令说："给我安葬的时候，一定要让魏丑夫为我殉葬。"魏丑夫为此非常害怕。庸芮为魏丑夫对宣太后说："人死之后还会有知觉吗？"宣太后说："没有知觉了。"庸芮说："太后明明知道死人是没有知觉的，为什么还要让自己所爱的活人白白地为您殉葬呢？假如死人有知觉的话，那么先王在九泉之下已经积怨很久了，太后您弥补自己的过失还来不及呢，哪里还有闲暇去爱魏丑夫？"宣太后说："好。"于是没有坚持让魏丑夫为她殉葬。

秦客卿造谓穰侯曰

【原文】

秦客卿造①谓穰侯曰："秦封君以陶②，藉君天下数年矣。攻齐之事成，陶为万乘，长小国，率以朝天子，天下必听，五伯之事也；攻齐不成，陶为邻恤③而莫之据也。故攻齐之于陶也，存亡之机也。君欲成之，何不使人谓燕相国[4]曰：‘圣人不能为时，时至亦弗失。舜虽贤，不遇尧也，不得为天子；汤、武虽贤，不当桀、纣不王。故以舜、汤、武之贤，不遭时不得帝王。令攻齐，此君之大时也已。因天下之力，伐雠国之齐，报惠王之耻[5]，成昭王之功[6]，除万世之害，此燕之长利而君之大名也。书云：“树德莫如滋，除害莫如尽。”吴不亡越，越故亡吴；齐不亡燕，燕故亡齐[7]。齐亡于燕，吴亡于越，此除疾不尽也。非以此时也，成君之功，除君之害，秦卒有他事而从齐，齐、秦合，其雠君必深矣。挟君之雠以诛于燕，后虽悔之，不可得也已。君悉燕兵而疾攻之，天下之从君也，若报父子之仇。诚能亡齐，封君于河南[8]，为万乘，达除于中国，南与陶为邻，世世无患。愿君之专志于攻齐，而无他虑也。’”

【注释】

①造：客卿的名字。②陶：在今山东定陶西北。③邻恤：当作“廉监”，是用来磨玉的石头，这里指没有太大价值的东西。④燕相国：指燕成安君公孙操。⑤惠王之耻：燕惠王即位之初，用骑劫代乐毅去攻打齐国，齐国贵族田单凭借即墨击败燕军，燕所得齐地尽失。⑥昭王之功：指燕昭王用乐毅破齐一事。⑦齐不亡燕，燕故亡齐：公元前314年，齐宣王趁燕国内乱之机进攻燕国，燕国面临亡国的危险，这时燕昭王即位，他派乐毅率大军攻齐，差一点灭掉齐国。⑧河南：黄河以南。

【译文】

秦国客卿造对穰侯说：“秦把陶邑赐给您，借助您控制天下已经好几年了。如果攻打齐国的事成功了，陶就是拥有万乘的大国了，您将成为各小国的首领，可以率领他们朝拜天子，成就五霸那样的伟业；如果攻打齐国的事情不成功，陶就会成为一件摆设，没有依靠。所以，进攻齐国对陶来说是存亡的关键。如果您想办成这件事情，为什么不派人对燕相国公孙操说：‘圣人不能创造天时，却能在时机来临时努力把握时机。舜虽然贤能，也得遇到尧帝才能成为天子，商汤、周武王虽贤能，也需要有阻挡夏桀和商纣的暴政的功劳才能称王于天下。所以，即便是贤明的虞舜、商汤和周武王，如果不遇到时机，也都不可能成为帝王。如今，进攻齐国是您的大好时机啊！凭借诸侯之力，征伐敌对的齐国，洗刷惠王失败的耻辱，完成昭王未竟的功业，除掉千秋万世的祸害，这是燕国的长远利益所在，也能让您成就名气。《尚书》上说：‘树立德行应促其增长，铲除祸害要干净彻底。’吴国不乘势灭掉越国，越国必然会消灭吴国；齐国不乘势灭掉燕国，燕国因此灭了齐国。齐国几乎被燕国所灭，吴国最终被越国攻克，这都是因为除害不彻底的缘故。不在这个时候完成您的功业，除掉您的祸害，万一秦国突然发生其他变故，因而联合齐国，齐、秦两国必定深深地仇恨您。和您的仇敌一道讨伐燕国，到那时，即使后悔也无济于事了。如果您动员燕国的全部兵力，迅速攻打齐国，那么天下诸侯就会像报父子之仇那样响应您。真要能够灭掉齐国，我们将把黄河以南一带作为您的封地，您还将拥有万辆兵车，并能在中原各地畅通无阻，南面与陶邑为邻，永世没有祸患，希望您专心进攻齐国，不要有其他考虑。”

范子因王稽入秦

【原文】

范子因王稽①入秦，献书昭王曰：“臣闻明主莅正②，有功者不得不赏，有能者不得不官，劳大者其禄厚，功多者其爵尊，能治众者其官大。故不能者不敢当其职焉，能者亦不得蔽隐。使以臣之言为可，则行而益利其道；若将弗行，则久留臣无为也。语曰：‘人主赏所爱而罚所恶；明主则不然，赏必加于有功，刑必断于有罪。’今臣之胸不足以当椹质③，要④不足以待斧钺，岂敢以疑事尝试于王乎？虽以臣为贱而轻辱臣，独不重任臣者，后无反复于王前耶！

【注释】

①范子：名雎（jū），字叔，魏人，著名的辩士。他曾遭受魏相魏齐之辱，由王稽载入秦国，改名张禄，封应侯。王稽：秦国人，担任为国君传达信息和接待宾客之官。 ②莅正：主持国政。 ③椹（zhēn）质：腰斩犯人时使用的垫板。椹，同“砧”。 ④要：同“腰”。

【译文】

范雎随着王稽来到秦国，向秦昭王上书：“我听说圣明的君主对有功的人不会不奖赏，对有能力的人不会不安排官职。功劳大的人俸禄就多，战功多的人爵位就高，能治理民众的人官职就大。因此，没有才能的人不敢随便担任官职，真正有能力的人才也不会被埋没。假如大王认为我说得有道理，就请大王照此实行，这样做将更加有利于国家的政治；如果不打算将我的建议实行，那么长久地留着我也没有什么用。常言道：'普通的君王奖赏他所爱的人而惩罚他所厌恶的人，但是圣明的君主不这样，而是赏功罚罪。'现在，我的胸膛当不了杀人用的垫板，我的腰板也抵不住利斧，哪里敢拿毫无把握的计策来让大王尝试呢？即使您认为我卑贱而轻视我，推荐我的人也会保证我的忠心，他在大王面前绝不会说话不算话，大王怎么可以不重视！

【原文】

"臣闻周有砥厄[①]，宋有结绿，梁有悬黎，楚有和璞，此四宝者，工之所失也，而为天下名器。然则圣王之所弃者，独不足以厚国家乎？臣闻善厚家者取之于国，善厚国者取之于诸侯。天下有明主，则诸侯不得擅厚矣。是何故也？为其割荣[②]也。良医知病人之死生，圣主明于成败之事，利则行之，害则舍之，疑则少尝之，虽尧、舜、禹、汤复生，弗能改已！

"语之至者，臣不敢载之于书；其浅者又不足听也。意者，臣愚而不阖[③]于王心耶，亡其言臣者将贱而不足听耶？非若是也，则臣之志，愿少赐游观之间[④]，望见足下而入之。"

书上，秦王说之，因谢王稽，使人持车召之。

【注释】

①砥（dǐ）厄（è）：美玉名。 ②割荣：分割天下人的荣耀，纳入自己手中。③阖：同"合"。 ④间（jiàn）：空隙。

【译文】

"我听说周有砥厄、宋有结绿、梁有悬黎、楚有和璞，这四件宝玉起初都是被优秀工匠所遗弃的，可最终都成为天下著名的玉器。既然这样，难道圣王所遗弃的人就不能使国家富强吗？我听说善于使自己的封地丰足的，向国内招揽人才；善于治国的，更要到各诸侯国中寻觅良臣。正因为天下有圣明的君主，各诸侯国才不可能独揽贤能之士。这是为什么呢？因为昏庸的诸侯们独揽荣耀和权利，而任人才流动。正如良医能预测病人的生死一样，明主能够洞察事情的成败，有利则为，有害则不为，犹豫不决则尝试而为之。即便尧、禹、汤等圣主死而复生，也无法改变这个道理。

“最深切的话，我不敢写在书上；而浅薄的话又不值得大王听取。我猜想，也许是我太愚钝，不符合大王的心意，也可能是因为推荐我的人地位鄙贱而不值得相信。如果这些都不是问题，那么我的想法是，希望大王能稍微腾出一点空余时间，让我面见您。”

这封奏书献上后，秦王十分高兴，向荐举贤才的王稽表示了谢意，并派专人驾车去请范雎。

范雎至秦

【原文】

范雎至秦，王[①]庭迎，谓范雎曰：“寡人宜以身受令久矣。今者义渠[②]之事急，寡人日自请太后。今义渠之事已，寡人乃得以身受命。躬窃闵然不敏，敬执宾主之礼。”范雎辞让。

【注释】

①王：秦昭王。 ②义渠：羌族所建立的小国。

【译文】

范雎来到秦国，秦王亲自到宫殿前迎接他，对他说：“我早就该亲自来领受您的教诲了。之前正好要处理义渠国的事务，我每天都得请示太后；现在义渠的事已经处理完了，我这才能够亲自领受您的教诲。我深深感到自己行动迟钝，现在请让我怀着谦恭履行宾主间的礼仪吧。”范雎表示谦让。

【原文】

是日见范雎，见者无不变色易容者。秦王屏左右，宫中虚无人，秦王跪[①]而请曰：“先生何以幸教寡人？”范雎曰：“唯唯。”有间，秦王复请，范雎曰：“唯唯。”若是者三。秦王跽[②]曰：“先生不幸教寡人乎？”范雎谢曰：“非敢然也。臣闻始时吕尚之遇文王也，身为渔父而钓于渭阳[③]之滨耳。若是者，交疏也。已一说而立为太师，载与俱归者，其言深也。故文王果收功于吕尚，卒擅天下而身立为帝王。即使文王疏吕望而弗与深言，是周无天子之德，而文、武

无与成其王也。今臣羁旅之臣也，交疏于王，而所愿陈者，皆匡君之事，处人骨肉之间，愿以陈臣之陋忠，而未知王之心也，所以王三问而不对者是也。

【注释】

①跪：古人席地而坐，坐时臀部压在脚跟上。②跽（jì）：双膝着地，上身挺直，表示敬意。③渭阳：渭水之北。古人称山南、水北为阳。

【译文】

这天凡是见到这场景的人，脸上无不表现出感动的神色。秦王让身旁的人退下，宫中只剩下他们两人，秦王挺直腰腿向范雎请教说："先生怎么指教我呢？"范雎只是应道："哦，哦。"不久，秦王又请教，范雎还是"哦，哦"应了两声。像这样连续三次。秦王跪在地上，挺着身子说："先生难道不肯教导我吗？"范雎致歉道："我不敢这样做。我听说吕尚遇到文王时还只是一个渔夫，在渭水北面钓鱼。在这个时候，他们交情浅薄。之后不久，文王聆听了他的一番言论，就任命他做太师，和他一起坐着车回去了，这是因为文王被他的言论深深地震撼了。之后文王果然因为重用吕尚而成就了功业，最终统一天下，成了君王。假如文王不重视吕尚，没有与吕尚进行深入的交流，那么文王就不具有天子的品德，也不会有人帮助文王、武王成就霸王之业。现在我只是一个旅居秦国的人，和大王的交情还比较浅，但想陈述的又都是纠正君王政务不当的重大问题，也是别人骨肉间的问题，我本想尽我微薄的忠心，但是又不知道大王的心意是怎样的，所以大王连续三次问我，我都不敢回答。"

【原文】

"臣非有所畏而不敢言也，知今日言之于前，而明日伏诛于后，然臣弗敢畏也。大王信行臣之言，死不足以为臣患，亡不足以为臣忧，漆身而为厉，被发而为狂，不足以为臣耻。五帝之圣焉而死，三王之仁焉而死，五伯之贤焉而死，乌获[①]之力焉而死，奔、育[②]之勇焉而死。死者，人之所必不免也。处必然之势，可以少有补于秦，此臣之所大愿也。臣何患乎？

【注释】

①乌获：秦武王时的大力士。②奔、育：孟奔、夏育，战国时的勇士。

【译文】

“我并不是有什么畏惧而不敢直言。我知道，也许我今天在大王面前说出了自己的想法，明天可能就会被杀死，但是我并不因此就害怕。要是大王真能采纳我的意见，即使是死也不足以成为我的忧患，逃亡也不足以让我担心，身上涂漆涂得像生癞疮、披散着头发假装癫狂，也不足以成为我的耻辱。圣明的五帝难免一死，仁德的三王会死，贤能的五霸会死，力大无穷的乌获会死，孟贲、夏育这样的勇士也会死。死是任何人都不可避免的。面对必然要死的命运，能够稍稍对秦国有利就是我最大的愿望，我还有什么顾虑呢？

【原文】

“伍子胥橐载而出昭关[①]，夜行而昼伏，至于蔆水[②]，无以饵其口，坐行蒲服[③]，乞食于吴市，卒兴吴国，阖庐[④]为霸。使臣得进谋如伍子胥，加之以幽囚，终身不复见，是臣说之行也，臣何忧乎？

【注释】

①伍子胥橐（tuó）载而出昭关：伍子胥，名员，楚国人，因佞臣费无极诬陷，其父兄被楚平王所杀，子胥由楚奔吴。橐，口袋，子胥藏身其中，被人用车拉着出关。 ②蔆（líng）水：即溧水，发源于今安徽芜湖，流入太湖。 ③蒲服：即匍匐，爬行。 ④阖庐：又作阖闾，春秋时吴国国君，名光。

【译文】

“伍子胥当年是藏在口袋里、被人用车拉着逃出昭关的，他晚上走路，白天躲藏，到了蔆水，没有食物充饥，就跪着或爬着在吴国的集市上讨饭，后来终于使吴国兴盛，帮助吴王阖庐建立了霸业。如果我能像伍子胥一样为大王献计献策，而且我的计谋被采纳了，那么即使遭受囚禁，终身不能再和大王相见，我又有什么可忧虑呢？

【原文】

“箕子、接舆[①]，漆身而为厉，被发而为狂，无益于殷、楚。使臣得同行于箕子、接舆，可以补所贤之主，是臣之大荣也，臣又何耻乎？臣之所恐者，独恐臣死之后，天下见臣尽忠而身蹶也，是以杜口裹足，莫肯即秦耳。足下上畏太后之严，下惑奸臣之态；居深宫之中，不离保傅之手；终身暗惑，无与照奸；大者宗庙灭覆，小者身以孤危。此臣之所恐耳。若夫穷辱之事、死亡之患，臣弗敢畏也。臣死而秦治，贤于生也。”

【注释】

①箕子、接舆：箕子，殷纣王的叔父，屡次劝谏纣王都没有用，又不忍离去，就披头散发，假装发狂。接舆，春秋时楚国的隐士，佯狂避世。

【译文】

“箕子、接舆，身上涂漆涂得像生癞疮，披散着头发假装疯狂，可是对于殷、楚没有一点益处。假如我有和箕子、接舆同样的遭遇，但只要有益于我崇拜的君王，就是我最大的荣幸，我又怎么会感到羞耻呢？我所担心的是我死了以后，天下人见到我这样尽忠于大王，终究还是身亡，因此闭口不言、裹足不前，不肯来秦国。大王您向上害怕太后的威严，向下受到奸臣的迷惑；住在深宫里，离不开辅臣的照顾，终身不明道理，不能分辨出奸诈的行径。大而言之，国家会灭亡；小而言之，自身处于孤立而危险的境地。这才是我所恐惧的。至于穷困受辱的事、死亡的忧患，我并不畏惧。如果我死了却能换得秦国的安定，这比我活着还有价值。”

【原文】

秦王跽曰：“先生是何言也？夫秦国僻远，寡人愚不肖，先生乃幸至此，此天以寡人慁①先生，而存先王之宗庙也！寡人得受命于先生，此天所以幸先王而不弃其孤也！先生奈何而言若此？事无大小，上及太后，下至大臣，愿先生悉以教寡人。无疑寡人也。”范雎再拜，秦王亦再拜。

【注释】

①慁（hùn）：打扰。

【译文】

秦王挺直身子说道：“先生怎么这样说呢？秦国在偏僻边远的地方，我又愚笨不堪，先生竟然光临此地，这是上天让我来打扰先生，从而保存先王的宗庙祭祀啊！我能够聆听先生的教诲，这是上天眷顾先王而不抛弃他的子孙后代啊！先生为什么这样说呢？今后不论事情大小，上至太后，下至大臣，都请先生不要有什么顾虑，教我处理的办法。请先生相信我。”范雎拜了两拜，秦王也拜了两拜。

【原文】

范雎曰："大王之国，北有甘泉、谷口①，南带泾、渭，右陇、蜀，左关、阪②；战车千乘，奋击百万。以秦卒之勇，车骑之多，以当诸侯，譬若驰韩卢而逐蹇兔也，霸王之业可致。今反闭关而不敢窥兵于山东者，是穰侯为国谋不忠，而大王之计有所失也。"

【注释】

①甘泉：指位于今陕西淳化西北的甘泉山。谷口：泾水出山之处，位于今陕西礼泉。 ②关、阪：函谷关与龙阪。

【译文】

范雎说："大王的国家，北边有甘泉、谷口等要塞，南边有泾水和渭水环绕，西面有陇山、蜀地等险峻之地，东面有函谷关、龙阪守护；此外您拥有千辆战车，百万精兵。凭借秦国勇敢的兵卒，众多的车马，对付其他诸侯国就如猛犬韩卢去追赶跛足的兔子一样，可以轻易成就霸王的功业。如今反而闭锁关门，不敢进攻东方各诸侯国，这是因为穰侯没有忠诚地为秦国考虑，大王的决策也有不当之处啊！"

【原文】

王曰："愿闻所失计。"雎曰："大王越韩、魏而攻强齐，非计也。少出师则不足以伤齐，多之则害于秦。臣意王之计，欲少出师而悉韩、魏之兵，则不义矣。今见与国之可亲；越人之国而攻，可乎？疏于计矣！昔者，齐人伐楚①，战胜，破军杀将，再辟千里，肤寸之地无得者，岂齐不欲地哉，形弗能有也！诸侯见齐之罢露，君臣之不亲，举兵而伐之，主辱军破，为天下笑。所以然者，以其伐楚而肥韩、魏也。此所谓藉贼兵而赍盗食者也。王不如远交而近攻，得寸则王之寸，得尺亦王之尺也。今舍此而远攻，不亦缪乎？

【注释】

①齐人伐楚：公元前286年，齐攻占了楚国的淮北地区。

【译文】

秦王说："我很想知道失误在哪里。"范雎说："大王越过韩、魏的国土去攻打强大的齐国，这不是好计谋。您派出的军队少了，就不能打败齐国；军队多了，则会损害到秦国。我揣测大王想少派军队，而让韩、魏全力投入战斗，但这是不恰当的。如今，您自认为盟国韩、魏可靠，越过他们去攻打齐国，这能行吗？这是谋划不周全啊！从前，齐国去攻打楚国，打了胜仗，打败了楚国的军队，杀掉了楚国的将领，两次开拓千里的土地，但到最后连寸土都没有得到，并非齐国不想要土地，而是形势所迫！诸侯见齐国军队疲惫不堪，君臣又不团结，就起兵来攻打它，齐王受辱而出走，军队瓦解，遭天下人耻笑。究其原因，就是攻打楚而使韩、魏的势力壮大起来。这就是人们常说的借给强盗兵器而送给小偷粮食啊。以我之见，大王不如与远方的国家结盟，攻占周边的国家，这样得到寸土就一定是大王的，得到尺地也一定是大王的。如今舍近而攻远，不是犯了大错吗？

【原文】

“且昔者，中山之地方五百里，赵独擅之，功成、名立、利附，则天下莫能害。今韩、魏中国之处而天下之枢也。王若欲霸，必亲中国而以为天下枢，以威楚、赵。赵强则楚附，楚强则赵附。楚、赵附则齐必惧，惧必卑辞重币以事秦，齐附而韩、魏可虚[①]也。”

【注释】

①虚：通“墟”，废墟。

【译文】

“从前，中山国拥有方圆五百里的土地，赵国独自把它吞并，成就了功业，树立了名声，获得了财富，天下没有哪个国家能损害它。如今，韩、魏位于中原，是天下的枢纽。大王如果想要成就霸业，就一定要先控制中原地区，即控制天下的枢纽，从而威胁楚国和赵国。如果赵国强大，楚国就会依附秦国；如果楚国强盛，赵国就会依附秦国。楚、赵都来依附秦国，齐国必定会恐慌，肯定会对秦国态度谦恭，并且加重财礼来侍奉秦国。只要齐国依附秦国，秦国就可以把韩、魏变成废墟。”

【原文】

王曰：“寡人欲亲魏，魏多变之国也，寡人不能亲。请问亲魏奈何？”范雎曰：“卑辞重币以事之，不可；削地而赂之，不可；举兵而伐之。”于是举兵而攻邢丘[①]，邢丘拔而魏请附。

【注释】

①邢丘：在今河南温县东南。

【译文】

秦王说："我想亲近魏国，但魏国是个变化多端的国家，我没法亲近它。请问怎么做才能亲近魏国呢？"范雎说："用谦恭的言辞，并且加重财礼，这样不行；割让土地去贿赂它，也不行；最上策是率军攻打它。"于是秦国就派兵攻打邢丘，邢丘被攻陷后，魏国果然主动请求依附秦国。

【原文】

曰："秦、韩之地形相错如绣。秦之有韩，若木之有蠹，人之病心腹。天下有变，为秦害者莫大于韩。王不如收韩。"王曰："寡人欲收韩，不听，为之奈何？"范雎曰："举兵而攻荥阳[①]，则成睪之路不通；北斩太行之道[②]，则上党之兵不下；一举而攻荥阳，则其国断而为三。韩见必亡，焉得不听？韩听而霸事可成也。"王曰："善！"

【注释】

①荥（xíng）阳：今河南荥阳。 ②太行之道：即羊肠道，位于今山西晋城以南的太行山上。

【译文】

范雎说："秦、韩两国的地形相互交错，就像锦绣的花纹一样。秦国有韩国在旁边，就像树木有蛀虫，人的内脏有疾病一样。一旦天下的形势发生变化，对秦国危害最大的就是韩国。大王不如征服韩国。"秦王说："我打算征服韩国，但是韩国不顺从，对此要怎么办呢？"范雎说："起兵攻打荥阳，切断成皋的道路；从北部切断太行的要道，阻挡上党的救兵；一举拿下荥阳，将韩国分成三截。韩国看到自己将要灭亡，怎么会不听从秦国呢？韩国顺从，那么秦国的霸业也就成功了。"秦王说："好！"

范雎曰

【原文】

范雎曰："臣居山东，闻齐之内有田单[①]，不闻其王。闻秦之有太后、穰侯、泾阳、华阳[②]，不闻其有王。夫擅国之谓王，能专利害之谓王，制杀生之威之谓王。今太后擅行不顾，穰侯出使不报，泾阳、华阳击断无讳，四贵备而国不危者，未之有也。为此四者下，乃所谓无王已！然则权焉得不倾，而令焉得从王出乎？

“臣闻：‘善为国者，内固其威而外重其权。’穰侯使者操王之重，决裂诸侯，剖符[3]于天下，征敌伐国，莫敢不听。战胜攻取，则利归于陶；国弊，御于诸侯；战败，则怨结于百姓，而祸归社稷。《诗》[4]曰：‘木实繁者披其枝，披其枝者伤其心；大其都者危其国，尊其臣者卑其主。’淖齿[5]管齐之权，缩闵王之筋，县[6]之庙梁，宿昔[7]而死。李兑[8]用赵，减食主父，百日而饿死。今秦太后、穰侯用事，高陵[9]、泾阳佐之，卒无秦王，此亦淖齿、李兑之类已。臣今见王独立于庙朝矣，且臣将恐后世之有秦国者，非王之子孙也。”

秦王惧，于是乃废太后，逐穰侯，出高陵，走泾阳于关外。昭王谓范雎曰：“昔者齐公[10]得管仲，时以为仲父[11]；今吾得子，亦以为父。”

【注释】

①田单：齐将，在燕国派兵攻齐时于即墨破燕军，恢复齐国，被齐襄王任命为相国，受封为安平君。 ②泾阳：秦昭王同母弟公子市（fú），被封为泾阳君。华阳：秦昭王舅芈（mǐ）戎，被封为华阳君，又号“新诚君”。 ③符：古代传令、调兵、出使所持的凭证，一般一分为二，君臣各执一半。 ④《诗》：古代引经据典时往往统称引用资料为《诗》。 ⑤淖（nào）齿：楚国将领，曾在燕乐毅率五国伐齐时领兵救齐，因此被齐闵王封为相国，后来又为了与燕国瓜分齐地而杀了齐闵王，最终被齐闵王的侍臣所杀。 ⑥县（xuán）：通“悬”。 ⑦宿昔：一夜。昔，通“夕”。 ⑧李兑：赵国大臣，为帮助越惠文王夺取王位，逼死了赵武灵王。 ⑨高陵：指秦昭王同母弟高陵君，名悝（kuī）。 ⑩齐公：这里指齐桓公。 ⑪仲父：古人称父亲的大弟弟，这里是齐桓公对管仲的尊称。

【译文】

范雎说：“臣在山东的时候，只听说过齐国有田单这个人，不曾听说过有齐王。只听说秦国有太后、穰侯、泾阳君、华阳君，而没听闻秦王的名声。能掌握国政的被称为王，能独断利益得失的被称为王，能操纵生杀大权的被称为王。但如今宣太后摄政而没有顾忌，穰侯派遣使臣而不报告朝廷，泾阳君、华阳君判决事务而没有忌讳，像这种有四位显贵横行而国家没有危险的情况至今还未出现过。大家都屈从于这四人，因此才说没有大王！如果是这样的话，权势怎么不会倾斜（到他们手中），政令又怎么能从大王那里发出呢？

“臣听说，善于治理国家的君主，在本国内能巩固他的威信，在国外又能有效地行使他的权力。穰侯派出的使者使用国君的权力，和其他诸侯国断交，擅自对外用兵，讨伐敌国，没有谁敢不服从他。因此，打了胜仗，夺取了城池，利益都被穰侯占有；国力变得孱弱，受到诸侯的牵制。而一旦战败，又导致百姓对君主不满，令国家承受战败的祸患。《诗经》上说：‘果实繁多就会压损树枝，压损树枝会伤及树的根本；扩大臣子的封地会危害国家的安全，提高臣子的地位会使君主的威信卑弱。’淖齿操纵着齐国国政，抽掉齐闵王的筋，然后把他吊在太庙的大梁上，致使他在一夜之间死亡。李兑执掌赵国，减少主父赵武灵王的食物，一百天后主父就饿死了。如今，秦国由太后、穰侯掌权，高陵君和泾阳君辅助他们，他们眼中并没有秦王，这和淖齿、李兑的行为是类似的。我现在看到大王在朝廷上孤立无援，担心日后掌控秦国的将不再是您的子孙。”

秦王听了这番话，十分恐惧，就废掉了太后，放逐了穰侯，让高陵君回到自己的封邑，把泾阳君赶出了函谷关。在这之后，秦王对范雎说：“当年齐桓公得遇管仲，称呼管仲为仲父；如今我得到先生，也把你当作我的仲父。”

天下之士合从相聚于赵

【原文】

天下之士合从相聚于赵，而欲攻秦。秦相应侯曰：“王勿忧也，请令废之。秦于天下之士非有怨也，相聚而攻秦者，又已欲富贵耳。王见大王之狗，卧者卧，起者起，行者行，止者止，毋相与斗者；投之一骨，轻起相牙者，何则？有争意也。”于是使唐雎[①]载音乐，予之五千金，居武安[②]，高会相与饮，谓邯郸人：“谁来取者？”于是其谋者固未可得予也，其可得与者，与之昆弟矣。

“公与秦计功者，不问金之所之，金尽者功多矣。今令人复载五千金随公。”唐雎行，行至武安，散不能三千金，天下之士大相与斗矣。

【注释】

①唐雎：魏国人，当时在秦国。 ②武安：今河北武安。

【译文】

东方各国的策士都聚集在赵国讨论合纵盟约，打算攻打秦国。秦国的相国应侯范雎对秦王说："大王不必忧心，请让我现在就去瓦解他们的联盟。秦国与天下的策士并没有什么仇恨，这些策士之所以图谋攻打秦国，不过是因为他们贪图富贵罢了。请大王看看您的狗，现在它们睡着的都好好地睡着，站着的都好好地站着，走着的都好好地走着，停着的都好好地停着，没有相互争斗的。可是如果在它们之间丢下一块骨头，所有的狗都会立刻跑过来，互相争斗，这是什么道理呢？因为它们都起了争夺骨头的意念。"于是范雎就派唐雎用车载着乐队，并且给他五千金，让他在赵国的武安大宴宾客，并问邯郸人："谁愿意来取这些金子呢？"这么一来，虽然那些筹划合纵的人没有拿到赠金，但是那些得到了黄金的人都把秦国当成了亲兄弟。

应侯又对唐雎说："你为秦国的外交立了功，别在意赏金都发给了谁，只要把赏金都分完就算功德圆满了。现在我再派人给你拿五千金。"于是唐雎再度来到武安，结果还没分完三千金，参加合纵之约的天下谋士就互相争夺起来了。

应侯失韩之汝南

【原文】

应侯失韩之汝南[①]。秦昭王谓应侯曰："君亡国，其忧乎？"应侯曰："臣不忧。"王曰："何也？"曰："梁人有东门吴[②]者，其子死而不忧，其相室[③]曰：'公之爱子也，天下无有，今子死不忧，何也？'东门吴曰：'吾尝无子，无子之时不忧；今子死，乃即与无子时同也。臣奚忧焉？'臣亦尝无子，无子时不忧；今亡汝南，乃与乡梁余子[④]同也。臣何为忧？"

秦王以为不然，以告蒙傲[⑤]曰："今也，寡人一城围，食不甘味，卧不便席。今应侯亡地而言不忧，此其情也？"蒙傲曰："臣请得其情。"蒙傲乃往见应侯，曰："傲欲死。"应侯曰："何谓也？”曰：“秦王师君，天下莫不闻，而况于秦国乎！今傲势得秦为王将，将兵，臣以韩之细也，逆显诛，夺君地，傲尚奚生？不若死。”应侯拜蒙傲曰：“愿委之卿。”蒙傲以报于昭王。自是之后，应侯每言韩事者，秦王弗听也，以其为汝南也。

【注释】

①汝南：汝水之南，这里指应侯的封邑应乡，它本来是韩国的城邑，后来被秦国占领，如今又被韩国夺回去了。 ②东门吴：姓东门名吴之人。 ③相室：主持家政之人。 ④乡：同“向”，先前。梁余子：即上文所说的梁国人东门吴。余子是古人对卿大夫的庶子的称呼。 ⑤蒙傲：秦将，屡立战功。

【译文】

应侯范雎失去了原属韩国的封邑汝南。秦昭王对应侯说：“贤卿丧失了自己的封地，是否会难过？”应侯回答说：“我不难过。”昭王说：“为什么呢？”应侯说：“梁国有一个叫东门吴的人，他的儿子死了，可是他不难过，他的管家就问他：‘主人您疼爱儿子的程度是天下人都比不上的，如今您的儿子死了，您却不难过，为什么呢？’东门吴回答说：‘我当初本来没有儿子，没有儿子时我并不难过；现在我的儿子死了，只是变得和以前没有儿子时一样了，有什么可难过的呢？’我当初也只不过是一个小民，那个时候并不难过，如今失去封地汝南，就和先前失去儿子的东门吴一样，我又有什么好难过的呢？”

秦昭王不赞同范雎这种想法，就把事情告诉了蒙傲说：“如果现在我的一座城池被围，我会吃饭不香，也睡不好觉。可是如今范雎丢了自己的封地，反而说自己毫不难过，这是他的真情实感吗？”蒙傲说：“让我去了解一下真实情况。”于是蒙傲就去拜会范雎，说：“我想去死！”范雎问：“将军你怎么能说这种话呢？”蒙傲回答说：“君王拜阁下为师，全天下没有不知道这件事的，何况是秦国。现在我蒙傲侥幸成为秦国将军，带兵打仗，竟然只能眼睁睁地看着弱小的韩国违抗秦国，夺走阁下的封土，我还有什么脸活着？不如死了算了！”应侯向蒙傲下拜说：“我愿意把夺回汝南之事托付给您。”蒙傲就把范雎的话告诉了昭王。从此以后，每当应侯谈到韩国的事，秦昭王都不想再听，总觉得他一心只想夺回汝南的封地。

秦攻邯郸

【原文】

秦攻邯郸，十七月不下。庄[①]谓王稽曰："君何不赐军吏乎？"王稽曰："吾与王也，不用人言。"

庄曰："不然。父之于子也，令有必行者，必不行者。曰'去贵妻，卖爱妾'，此令必行者也；因曰'毋敢思也'，此令必不行者也。守闾妪曰：'其夕，某孺子内[②]某士。'贵妻已去，爱妾已卖，而心不有，欲教之者，人心固有。今君虽幸于王，不过父子之亲；军吏虽贱，不卑于守闾妪。且君擅主轻下之日久矣。闻：'三人成虎，十夫揉椎。众口所移，毋翼而飞。'故曰，不如赐军吏而礼之。"王稽不听。军吏穷，果恶王稽、杜挚[③]以反。

秦王大怒，而欲兼诛范雎。范雎曰："臣，东鄙之贱人也，开罪于魏，遁逃来奔。臣无诸侯之援，亲习之故，王举臣于羁旅之中，使职事，天下皆闻臣之身与王之举也。今遇惑，或与罪人同心，而王明诛之，是王过举显于天下，而为诸侯所议也。臣愿请药赐死，而恩以相葬臣，王必不失臣之罪，而无过举之名。"

王曰："有之。"遂弗杀而善遇之。

【注释】

①庄：人名，其姓不详。 ②孺子：对太子的末等侍妾的称呼，这里指代少妇。内，同"纳"。 ③杜挚：王稽的副手。

【译文】

秦兵攻打邯郸，攻了十七个月也没攻下，庄对王稽说："您为什么不赏赐您手下的军官呢？"王稽说："我和大王彼此信赖，他人的诬告起不了作用。"

庄说："不是这样的。对儿子来说，父亲的命令有的是一定能做得到的，也有的是一定做不到的。比如，让儿子'休掉娇妻，卖掉爱妾'，这就是一道儿子必然能做到的命令，而父亲接着叫儿子'不要想念她们'，这则是一道必然做不到的命令。再比如说，有个看守大门的老太太说：'那天晚上，那位年轻媳妇接纳了某个男子。'就前一件事情而言，娇贵的妻子已经离开，心爱的小妾也已经卖给别人了，父亲就不应该不让儿子有思念之情，因为思念故人是人之常情。就后一件事情来说，男女之情也是每个人都有的。现在您虽然被大王宠信，但是你们的关系不超过父子关系；而下级军官虽然身份微贱，但总不会低于看门的老太太。况且您仰仗君王的宠信而轻视属下已经很久了。常言道：'三个人说有虎，大家就会相信有虎；十个人说有人可以折弯木棒，其他人就会相信这是事实；众口一词所编造的谎言，就算没有翅膀也可以传得到处都是。'所以说，不如对军官进行赏赐，以礼相待！"可是王稽不肯采纳这项建议。军官们陷入艰难的境地，果然有人诬告王稽和杜挚谋反。

秦昭王大怒，杀掉王稽和杜挚，并打算把范雎一并处死。范雎说："我不过是东方边境上的一介草民，由于得罪了魏国，才逃到秦国来。我并没有任何诸侯的支持，也没有亲近的朋友，可是大王能在我流浪时提拔我，让我在朝中任职，天下的人都知道臣的身份与大王重用我的事。如今我遭遇谗言，被人诬陷为和罪人王稽一样有谋反之心的人，但大王若是明令诛杀我，就等于将大王当初提拔我的错误显露在天下人面前，必然会招致诸侯们的议论。我希望大王允许我服药而死，但是降恩用宰相之礼安葬我。这样，大王既能处臣以死罪，也不会落得一个用人不当的名声。"秦昭王说："有道理！"于是没有杀范雎，并仍然厚待他。

蔡泽见逐于赵

【原文】

蔡泽①见逐于赵，而入韩、魏，遇夺釜鬲于涂②。闻应侯任郑安平、王稽皆负重罪③，应侯内惭。乃西入秦，将见昭王。使人宣言以感怒应侯曰："燕客蔡泽，天下骏雄弘辩之士也。彼一见秦王，秦王必相之而夺君位。"

应侯闻之，使人召蔡泽。蔡泽入，则揖应侯。应侯固不快，及见之，又倨。应侯因让之曰："子常宣言欲代我相秦，岂有此乎？"对曰："然。"应侯曰："请闻其说。"蔡泽曰："吁！君何见之晚也。夫四时之序，成功者去。夫人生手足坚强，耳目聪明圣知，岂非士之所愿与？"应侯曰："然。"

【注释】

①蔡泽：燕人，多智善辩，曾游说诸侯，不被任用。 ②釜：古代的蒸锅。鬲（lì）：古代汉族做饭用的器具，外形像鼎。涂：同“途”。 ③应侯任郑安平、王稽皆负重罪：郑安平是魏国人，他曾帮助范雎逃往秦国，范雎担任秦国相国之后举荐他为将军，但是他后来因战败而投降了赵国。其后，王稽被范雎举荐为河东郡郡守，因和诸侯私下往来被依法处死。

【译文】

蔡泽被驱逐出赵国，逃往韩、魏，在路上遭遇劫匪，炊具都被抢走了。蔡泽听说郑安平、王稽全都犯下了重罪，应侯为此惭愧不已，就西行入秦，打算拜见秦昭王。为了激怒应侯，他派人放出话来：“燕客蔡泽是天下善于雄辩的贤士。只要他一见到秦王，秦王就会任命他为相国，让他替代应侯。”

应侯听说之后，就派人召见蔡泽。蔡泽看到应侯，只对应侯拱了拱手。应侯本来就很不高兴，见到蔡泽后又觉得他很傲慢，于是责问他说：“你曾对外宣称，你将取代我在秦国做相国，有这回事吗？”蔡泽回答说：“有。”范雎说：“请让我听听你的想法。”蔡泽说：“唉，你为什么如此迟钝呢！就像春夏秋冬四季更替一样，前面的已经成功了就应该离去，以让位给后来者。人活在世界上，手脚健康强壮，耳朵灵敏，眼睛明亮，内心如圣人一样智慧，这不是每个人所希望的吗？”范雎说：“是的。”

【原文】

蔡泽曰：“质仁秉义，行道施德于天下，天下怀乐敬爱，愿以为君王，岂不辩智之期与？”应侯曰：“然。”蔡泽复曰：“富贵显荣，成理万物，万物各得其所；生命寿长，终其年而不夭伤；天下继其统，守其业，传之无穷，名实纯粹，泽流千世，称之而毋绝，与天地终始。岂非道之符，而圣人所谓吉祥善事与？”应侯曰：“然。”泽曰：“若秦之商君，楚之吴起[①]，越之大夫种[②]，其卒亦可愿欤？”

应侯知蔡泽之欲困己以说，复曰：“何为不可？夫公孙鞅事孝公，极身毋二虑，尽公不顾私，信赏罚以致治，竭智能，示情素，蒙怨咎，欺旧交，虏魏公子卬[③]，卒为秦禽将破敌，攘地千里。吴起事悼王，使私不害公，谗不蔽忠，言不取苟合，行不取苟容，行义不顾毁誉，然为伯主强国，不辞祸凶。大夫种事越王，主离[4]困辱，悉忠而不解，主虽亡绝，尽能而不离，多功而不矜，贵富不骄怠。若此三子者，义之至、忠之节也！故君子杀身以成名，义之所在，身虽死，无憾悔，何为不可哉？”

蔡泽曰：“主圣臣贤，天下之福也；君明臣忠，国之福也；父慈子孝，夫信妇贞，家之福也。故比干[5]忠，不能存殷；子胥知，不能存吴；申生[6]孝而晋国乱。是有忠臣孝子，国家灭乱，何也？无明君贤父以听之。故天下以其君父为戮辱，怜其臣子。夫待死而后可以立忠成名，是微子[7]不足仁，孔子不足圣，管仲不足大也。”于是应侯称善。

【注释】

①吴起：卫国人，曾经辅助楚悼王变法。悼王死后，楚贵戚作乱，射死吴起。 ②大夫种：春秋时越国大夫文种，曾经辅佐越王勾践灭吴，功成之后被勾践赐死。 ③虏魏公子卬（áng）：公子卬，魏惠王子，商鞅居魏时与他交情很深。秦孝公二十二年（前340年），商鞅奉命领军攻魏，魏王派公子卬率军抵御，商鞅用计俘虏了公子卬，大破魏军。 ④离：同“罹”，遭遇。 ⑤比干：商纣王的叔父，曾屡次劝谏纣王要勤政爱民，后来被纣王剖心而死。 ⑥申生：姓姬名申生，春秋时晋国太子，遭其父的宠妃骊姬的陷害，最终自缢而死。 ⑦微子：商纣王的庶兄，因见纣王昏乱而弃商归周，被周武王封为宋国国君。

【译文】

蔡泽说：“一个人凭借仁义，向天下施行道义和德政，使天下人都心怀喜悦地敬爱他，愿意拥护他做君王，这不也是善于辩论的智者殷切期望的吗？”应侯说：“是的。”蔡泽又说：“享受富贵荣华，治理万物，让万物各得其所；使每个人都能享尽天年而不夭折，让天下人继承他的传统，守护他的业绩，传给后代，使名和实都实实在在，恩泽流传千世，赞美永远不断，和天地同始同终。这不正是符合自然规律，又是圣人所说的吉祥而又善良之事吗？”应侯说：“是的。”蔡泽说：“像秦国的商鞅、楚国的吴起、越国的文种，他们那悲惨的结局是人们愿意看到的吗？”

应侯知道蔡泽是打算使自己陷入困境才这样说的，于是说：“为什么不可以呢？商鞅辅佐秦孝公，极尽所能而没有顾虑，一心为公，全然不顾私情，赏罚有度，把秦国治理得井井有条，竭尽智慧，展现赤胆忠心，遭受怨恨和责怪，欺骗老朋友公子卬，将其俘虏，最后为秦擒获敌将而大破魏军，夺取了几千里的土地。吴起辅佐楚悼王，绝对不让私情损害国家利益，更不让谗言来蒙蔽忠臣，说话不随便迎合别人，做事也不会讨好别人，主持正义而不顾毁谤和赞誉，一心想要使国家富强，不畏祸凶。大夫文种辅佐越王勾践，在君主遭受困辱时依然竭尽忠心，不曾懈怠；虽然君王被敌人俘虏，但是文种仍然竭尽所能，对君王不离不弃，而且功劳再多也不夸耀，即使富贵也不骄横懈怠。像以上这三位忠臣，可以说是将忠义践行到极致的典范了！所以君子牺牲性命来成全名节，只要是为了大义，即使结束生命也没有后悔和遗憾，为什么不可以呢？”

蔡泽说：“君主圣德，臣子贤能，这是天下的福分；君主英明，臣子忠诚，这是国家的福分；父亲慈爱，儿子孝顺，丈夫讲信义，妻子有贞节，这是家庭的福分。然而比干忠诚，却不能保住殷商；伍子胥贤能，却不能保住吴国；申生孝顺，而晋国仍然不能避免内乱。有了忠臣孝子，国家仍然不免灭亡，这是为什么呢？主要是没有英明的君主和贤良的父亲倾听他们的心声的缘故。所以天下为他们的君父昏庸而感到羞耻，但可怜他们的大臣和儿子。假如人们一定要等到死了之后才能尽忠成名，那么恐怕连微子也不够仁义，孔子也不够圣贤，管仲也不够伟大。”应侯认为蔡泽的话很对。

【原文】

蔡泽得少间，因曰：“商君、吴起、大夫种，其为人臣，尽忠致功，则可愿矣。闳夭[①]事文王，周公辅成王[②]也，岂不亦忠乎？以君臣论之，商君、吴起、大夫种，其可愿孰与闳夭、周公哉？”应侯曰：“商君、吴起、大夫种不若也。”蔡泽曰：“然则君之主，慈仁任忠，不欺旧故，孰与秦孝公、楚悼王、越王乎？”应侯曰：“未知何如也。”蔡泽曰：“主固亲忠臣，不过秦孝、越王、楚悼。君之为主，正乱、披患、折难，广地殖[③]谷，富国、足家、强主，威盖海内，功章万里之外，不过商君、吴起、大夫种。而君之禄位贵盛，私家之富过于三子，而身不退，窃为君危之。语曰：‘日中则移，月满则亏。’物盛则衰，天之常数也；进退、盈缩、变化，圣人之常道也。

“昔者，齐桓公九合诸侯，一匡天下，至葵丘之会[④]，有骄矜之色，畔者九国。吴王夫差无适[5]于天下，轻诸侯，凌齐、晋，遂以杀身亡国。夏育、太史启[6]叱呼骇三军，然而身死于庸夫。此皆乘至盛不及道理也。

“夫商君为孝公平权衡、正度量、调轻重，决裂阡陌，教民耕战，是以兵动而地广，兵休而国富，故秦无敌于天下，立威诸侯。功已成，遂以车裂。楚地持戟百万，白起率数万之师以与楚战，一战举鄢、郢[7]，再战烧夷陵[8]，南并蜀、汉，又越韩、魏攻强赵，北坑马服[9]，诛屠四十余万之众，流血成川，沸声若雷，使秦业帝。自是之后，赵、楚慑服，不敢攻秦者，白起之势也。身所服者，七十余城，功已成矣，赐死于杜邮[10]。吴起为楚悼罢无能，废无用，损不急之官，塞私门之请，壹楚国之俗，南攻杨越[11]，北并陈、蔡，破横散从，使驰说之士无所开其口。功已成矣，卒支解。大夫种为越王垦草[12]创邑，辟地殖谷，率四方士，上下之力，以禽劲吴，成霸功，勾践终棓[13]而杀之。此四子者，成功而不去，祸至于此。此所谓信而不能诎[14]，往而不能反者也。范蠡知之，超然避世，长为陶朱[15]。

“君独不观博者乎？或欲大投[16]，或欲分功，此皆君之所明知也。今君相秦，计不下席，谋不出廊庙，坐制诸侯，利施三川，以实宜阳，决羊肠之险，塞太行之口，又斩范、中行之途[17]，栈道千里，通于蜀、汉，使天下皆畏秦。秦之欲得矣，君之功极矣，此亦秦之分功之时也！如是不退，则商君、白公、吴起、大夫种是也。君何不以此时归相印，让贤者授之，必有伯夷之廉，长为应侯，世世称孤，而有乔、松[18]之寿，孰与以祸终哉！此则君何居焉？”应侯曰：“善。”乃延入坐为上客。

后数日，入朝，言于秦昭王曰：“客新有从山东来者蔡泽，其人辩士。臣之见人甚众，莫有及者，臣不如也。”秦昭王召见，与语，大说之，拜为客卿。应侯因谢病，请归相印。昭王强起应侯，应侯遂称笃，因免相。昭王新说蔡泽计画，遂拜为秦相，东收周室，蔡泽相秦王数月，人或恶之，惧诛，乃谢病归相印，号为刚成君。

居秦十余年，事昭王、孝文王、庄襄王，卒事始皇帝。为秦使于燕，三年而燕使太子丹入质于秦。

【注释】

①闳(hóng)夭：西周初年大臣，颇得周文王信任，后辅佐周武王伐纣灭商。 ②成王：周武王之子，名诵。 ③殖：通“植”，种植。 ④葵丘之会：公元前651年，齐桓公在葵丘召集诸侯会盟，旨在促进各国在经济上的协作，这意味着齐国实力雄厚。葵丘，在今河南民权东北。 ⑤适：通“敌”。 ⑥夏育：周代卫国的勇士，传说能力举千钧。太史启：古代勇士。 ⑦鄢：在今湖北宜城东南。 ⑧夷陵：在今湖北宜昌东南，当时是楚国王族的陵墓所在地。公元前278年，秦将白起击败楚军，放火焚烧了此地的楚先王墓。 ⑨马服：赵国将领赵括。他善于纸上谈兵，实无指挥才能，在长平之役中被白起包围，突围不成，被射死，四十万赵军全部被活埋。 ⑩杜邮：在今陕西咸阳东北。 ⑪杨越：地区名，包括今江苏省南部、浙江省北部。 ⑫草：荒地。 ⑬棓：当是“倍”之误，通“背”，背弃。 ⑭信：通“伸”。诎(qū)：屈。 ⑮陶朱：范蠡佐越王勾践灭吴，去往陶邑(在今山东定陶县西北)，改名“朱公”，经商致富，世称“陶朱公”。 ⑯大投：孤注一掷。 ⑰斩范、中行之途：此以晋国臣子范、中行指代晋国，谓截断三晋来往之路。 ⑱乔、松：王子乔、赤松子。他们都是仙人，能够长生不死。

【译文】

蔡泽稍微停歇了一下，接着说：“商鞅、吴起、大夫文种，他们身为人臣，竭尽忠心，建立功勋，算是人们愿意效法的人了。闳夭侍奉周文王，周公辅佐周成王，难道不也是尽忠吗？然而就君臣而论，商鞅、吴起、大夫文种与闳夭、周公相比，谁更能作为我们的榜样呢？”应侯回答说：“商鞅、吴起、大夫种比不上闳夭、周公啊。”蔡泽说：“既然这样，那么，在慈爱仁德、任用忠臣、不欺凌故交这些方面，您的君主与秦孝公、楚悼王、越王勾践相比怎么样呢？”范雎说：“不知道怎么样。”蔡泽说：“您的君主固然亲信忠臣，但比不上秦孝公、越王勾践、楚悼王。您的君主，在拨乱反正、消除祸患、排除困难、扩充疆土、发展农耕、富强国家、丰足百姓、强化君主权力等方面，声威胜过四海诸侯，功绩远播万里，但比不过商鞅、吴起、大夫文种。另外，您的地位显贵，家中的财富已经超过他们三人，然而您还是不隐退，我私下里为您担忧啊。常言道：‘太阳升到正午时就慢慢西移，月亮圆了就开始亏缺。’万物都是盛极而衰，这是自然规律。前进、后退，圆满、亏缺以及随着时间而变化，都是圣人所遵循的常理啊。

"从前齐桓公九次组织诸侯会盟，匡正天下的混乱秩序，但等到葵丘会盟时显出了骄纵之色，九个国家就背叛了他。吴王夫差自以为天下无敌，因此轻视诸侯，欺凌齐、晋两国，终于国破身亡。夏育、太史启等人，一声高呼能使三军惊骇，最终却死于平庸人之手。这都是仗着自己的威名全盛而不及时收手的缘故。

"商鞅为秦孝公统一度量衡、颁布标准的度量衡器，调整赋税的轻重，重新划分土地，教百姓耕种、作战，因此大军一出，疆土便得到拓展，军队休战，国家富足，无敌于天下，在诸侯之间树立了威信。可是变法成功后，商鞅便被处以车裂之刑。楚国拥有百万雄兵，白起率领几万秦军与楚国作战，一战便攻陷楚都鄢和郢，再战就焚烧夷陵，向南吞并了蜀、汉，又越过韩、魏二国攻打强大的赵国，在北方坑杀了马服君赵括，屠戮四十多万兵卒，血流成河，呼声响彻云霄，使秦国成就了帝业。从此以后，赵、楚两国慑于秦威而屈服，再也不敢抗拒秦兵，怕的就是白起的威力。白起攻下了七十多座城池，功业已经建立，他却被秦王赐死在杜邮。吴起为楚悼王罢免了无能的朝臣，裁撤了无用的机构，删减了那些不必要的官员，堵塞了来自私门的请求，统一了楚国的风俗，向南攻打杨越，往北攻打陈、蔡，破坏了连横政策，解散了合纵之约，使游说之士没有开口的余地。大功已经告成，可是最后吴起竟被肢解而死。越国大夫文种，为越王勾践开垦荒地，创建城邑，发展农业，率领四方将士和全国百姓击败强劲的吴国，生擒吴王夫差，完成了霸王功业，可是勾践最后还是背弃了他，将他杀害。这四位贤臣，都是因为功成而身不退才为自己招来杀身之祸，这就是所谓的能屈不能伸、能进不能退的人了。只有范蠡深知其中的道理，于是以超然的姿态功成身退，隐姓埋名，成为富有的陶朱公。

"您难道没有见过赌博的人吗？有的人想下大赌注以求全胜，有的人想要分享胜利的功劳，这都是您清楚的。如今您当了秦国相国，用计不离开席位，施谋不出朝廷，坐在朝中就可以控制诸侯，使利益施达三川，得以充实宜阳的兵力，把守羊肠小道，封闭太行要塞，断绝三晋的道路，还修筑了千里的栈道以通往蜀、汉，使天下都畏惧秦国。秦王的目的达到了，您的功勋也达到了顶点，这也正是到了秦国分功的时刻！此刻如果您不知及时隐退，那么商鞅、吴起、大夫文种就是您的前车之鉴。您为何不在此时归还相印，让贤能的人来接任，这样既可以像伯夷一样博得廉洁之名，又可以永久地担任应侯，世代相传，更能像仙人王子乔、赤松子一般长寿。这与日后受到祸患相比，哪一个更值得您选择呢？”应侯认同地说：“先生说得太对了。”于是请蔡泽落座，用上宾的礼仪对待他。

过了几天，应侯入朝拜见昭王，对他说：“有一位刚从山东来的客人蔡泽，是一位辩士。臣阅人无数，没有能超过他的，臣也自愧不如。”于是昭王召见蔡泽，与他交谈，十分赞赏他，授予他客卿的职位。范雎这时便称病辞官，请求归还相印。昭王强行让他出来做事，应侯推说自己病重，于是被免去了相国的职位。昭王对蔡泽的计谋十分欣赏，任命他为相国，不久，蔡泽助秦昭王向东吞并了东周国。蔡泽出任相国没几个月，便有人厌恶他，他害怕招致杀身之祸，于是称病辞官，被封为刚成君。

蔡泽在秦国住了十多年，历事昭王、孝文王、庄襄王，最后任职于秦始皇时期，曾为秦国出使燕国，三年之后令燕国太子丹到秦国来做人质。

秦昭王谓左右曰

【原文】

秦昭王谓左右曰：“今日韩、魏孰与始强？”对曰：“弗如也。”王曰：“今之如耳、魏齐[①]，孰与孟尝、芒卯[②]之贤？”对曰：“弗如也。”王曰：“以孟尝、芒卯之贤，帅强韩、魏之兵以伐秦，犹无奈寡人何也！今以无能之如耳、魏齐，帅弱韩、魏以攻秦，其无奈寡人何，亦明矣！”左右皆曰：“甚然。”

中期[③]推琴对曰：“王之料天下过矣。昔者六晋[④]之时，智氏最强，灭破范、中行[⑤]，帅韩、魏以围赵襄子于晋阳，决晋水以灌晋阳，城不沉者三板[⑥]耳。智伯出行水，韩康子御，魏桓子骖乘[⑦]。智伯曰：‘始，吾不知水之可亡人之国也，乃今知之。汾水利以灌安邑[⑧]，绛水利以灌平阳[⑨]。’魏桓子肘韩康子，康子履魏桓子，蹑其踵，肘足接于车上而智氏分矣。身死国亡，为天下笑。今秦之强，不能过智伯；韩、魏虽弱，尚贤在晋阳之下也。此乃方其用肘足时也，愿王之勿易也！”

【注释】

①如耳：原为魏大夫，这时为韩臣。魏齐：魏相。 ②孟尝：即孟尝君田文。

芒卯：魏将，曾以诈术得到魏昭王重用，后来为了私利私通秦国，被秦军打败，从此杳无音信。③中期：秦国辩士，兼通音律，初事秦武王，后事秦昭王。④六晋：指春秋末期执掌晋国的智氏、范式、中行氏、韩氏、赵氏、魏氏六卿。⑤灭破范、中行：公元前458年，智伯瑶灭范、中行二卿。⑥三板：筑墙的夹板，高二尺称为一板，三板即六尺。⑦韩康子：名虎，晋国韩氏的领袖。魏桓子：名驹，晋国魏氏的领袖。古代乘车，主人居左，御者坐在中间，骖乘坐在右边。⑧安邑：魏桓子的城邑，在今山西夏县西北。⑨平阳：韩康子的城邑，在今山西临汾。

【译文】

秦昭王问身边的臣子："如今韩、魏两国的强盛能比得上从前吗？"臣子们答道："比不上啊。"昭王又问："现在的如耳、魏齐的贤能比得上孟尝君、芒卯吗？"臣子们说："比不上啊。"于是昭王说："以孟尝君和芒卯的才能，率领强大的韩、魏联军前来攻打秦国，还不能把我怎么样。现在以无能的如耳、魏齐率领疲弱的韩、魏之兵，能把我怎么样也就很清楚了！"臣子们都附和说："确实是这样啊！"

中期推开面前的琴，说："大王对天下的局势估计错了。从前晋国六卿当政的时候，智氏最强，智氏灭了范氏、中行氏，又率领韩、魏两家的兵力把赵襄子围困在晋阳，掘开晋水大堤，将晋水灌入晋阳城，城头离水面就剩六尺。智伯出去巡视水势时，韩康子为他驾车，魏桓子陪侍旁边。智伯说：'以前我不知道水可以毁灭人家的国家，如今我才知道。用汾水淹没安邑很方便，而用绛水淹没平阳也很省事。于是，魏桓子用胳膊肘碰了一下韩康子，韩康子则踩了一下魏桓子，又踢他的脚跟。他们就在手脚碰撞之间决定了颠覆智伯的策略。后来智伯身死国亡，被天下人耻笑。'如今秦国的强盛还没有超过智伯，韩、魏虽然衰弱，仍然胜过赵襄子被围困在晋阳时。现在正是韩、魏碰手撞足的时候，希望大王不要大意。"

秦王欲见顿弱

【原文】

秦王①欲见顿弱②，顿弱曰："臣之义不参拜，王能使臣无拜即可矣。不即不见也。"秦王许之。于是顿子曰："天下有有其实而无其名者，有无其实而有其名者，有无其名又无其实者。王知之乎？”王曰：“弗知。”顿子曰：“有其实而无其名者，商人是也。无把铫[3]推耨[4]之势，而有积粟之实，此有其实而无其名者也。无其实而有其名者，农夫是也。解冻而耕，暴背而耨，无积粟之实，此无其实而有其名者也。无其名又无其实者，王乃是也。已立为万乘，无孝之名；以千里养，无孝之实。”秦王悖然而怒。

顿弱曰：“山东战国有六，威不掩于山东而掩于母[5]，臣窃为大王不取也。”秦王曰：“山东之建国可兼与？”顿子曰：“韩，天下之咽喉；魏，天下之胸腹。王资臣万金而游，听之韩、魏，入其社稷之臣于秦，即韩、魏从。韩、魏从，而天下可图也。”秦王曰：“寡人之国贫，恐不能给也。”顿子曰：“天下未尝无事也，非从即横也，横成则秦帝，从成即楚王。秦帝，即以天下恭养；楚王，即王虽有万金，弗得私也。”秦王曰：“善。”乃资万金，使东游韩、魏，入其将相。北游于燕、赵，而杀李牧[6]。齐王入朝，四国必[7]从，顿子之说也。

【注释】

①秦王：嬴政。②顿弱：秦国辩士。③铫（yáo）：古代的一种大锄头。④耨（nòu）：古代除草用的农具。⑤威不掩于山东而掩于母：秦始皇九年（前238年），秦始皇诛杀了与其母赵姬私通的嫪毐三族，以及嫪毐与赵姬所生的两个儿子，将赵姬迁往城外的贡阳宫，与赵姬断绝了母子关系，因此威信受损，文中所说的秦王不孝事指的就是这件事。⑥李牧：赵国军事家，与白起、王翦、廉颇并称“战国四大名将”。⑦必：同“毕”。

【译文】

秦王想召见顿弱，顿弱让人转告秦王说：“我的礼义就是不行参拜之礼。如果大王能特许我不行参拜之礼，我就面见大王，否则，就不必见面了。”秦王同意了。于是顿弱说：“天下有有实无名之人、有名无实之人，还有无名无实之人，大王可曾知道？”秦王说：“寡人不知道。”顿弱说：“有实无名的人是商人，他们不用耕作却积粟满仓；有名无实的人是农夫，他们冒着春寒开始耕种，顶着烈日锄地，却户无积粟；而无名无实的人就是大王您，您已经成为万乘大国之主，却无孝顺的名声；用千里的封地去奉养太后，却无孝亲之实。”秦王听了不由得勃然大怒。

顿弱接着说：“崤山以东有六个国家，你的威势不能压倒崤山以东，却压倒了自己的母亲，我私下里认为大王这样做不妥。”秦王问：“崤山以东的六国可以吞并吗？”顿弱说：“韩国是天下的咽喉，魏国处于天下的胸腹部位。大王若肯资助我万金去游说，听凭我东往韩、魏两国，让那里治理国家的能臣到秦国来，进而使韩、魏臣服，那么您就可以图谋天下了。”秦王说：“寡人的国家贫困，恐怕拿不出万金之财啊。”顿弱说：“如今天下不曾安定过，诸侯不是缔结合纵之约，就是采取连横之策。连横成功，则秦国称帝；合纵成功，则楚国称王。秦王一旦成为帝王，就可以拥有天下，何况万金之财！如果楚国成就了霸业，大王拥有万金也不能私自享用啊。”秦王说：“好！”于是资助顿弱万金，让他东行游说韩、魏，笼络两国的将相。顿弱又向北游说燕、赵二国，施计除掉了赵将李牧。后来齐王入秦朝见秦王，燕、赵、魏、韩四国都服从于秦国，这都是顿弱游说的结果啊。

说秦王曰

【原文】

说秦王曰：“物至而反，冬夏是也。致至而危，累棋是也。今大国之地半天下，有二垂[①]，此从生民以来，万乘之地未尝有也。先帝文王、庄王[②]，王之身，三世而不接地于齐，以绝从亲之要。今王使盛桥[③]守事于韩，盛桥以地入秦。是王不用甲，不伸威，而得百里之地，王可谓能矣。王又举甲兵而攻魏，杜大梁之门，举河内[④]，拔燕、酸枣、虚、桃人[⑤]，魏之兵云翔不敢校，王之功亦多矣。王休甲息众三年，然后复之，又取蒲、衍、首垣[⑥]，以临仁、平兵[⑦]，小黄、济阳婴城[⑧]，而魏氏服矣。王又割濮、磨之北，断齐、韩之要，绝楚、魏之脊。天下五合、六聚而不敢救也，王之威亦惮矣。王若能持功守威，省攻伐之心而肥仁义之地，使无复后患，三王不足四，五伯不足六也。

【注释】

①二垂：西北两边陲。垂，边疆。 ②文王：指秦孝文王，秦始皇的祖父。庄王：指秦庄襄王，名楚，秦始皇的父亲。 ③盛桥：秦庄襄王之子，始皇之弟。后

文“成桥”即盛桥。④河内：今河南沁阳一带。⑤燕：即南燕，在今河南延津县东北。酸枣：地名，在今河南延津县北。虚：即殷墟，在今河南安阳市小屯村，在洹水之南。桃人：今河南长垣西。⑥蒲：即蒲城，在今河南长垣县内。衍：即衍城，在今河南郑州市北。首垣：今河南长垣县东北。⑦仁：今山东济宁市。平兵：又作“平丘”，在今河南长垣县西南。⑧小黄：今河南开封东北。济阳：今河南兰考县东北。婴城：环城围攻。婴，萦绕。

【译文】

“臣曾听人说：‘物极必反，正如冬与夏相更替；事物到达顶点就会陷于危险，好比将棋子堆叠起来。’如今天下一半的土地都为秦国所有，再加上西北两个边陲之地，自从有人活动以来，这样的万乘大国是从未出现过的。从先帝孝文王、庄襄王到大王，连续三代，都未能将疆界推进到齐国，从而彻底阻断诸侯合纵抗秦的盟约。如今大王派盛桥驻守韩国，盛桥又将燕国之地并入秦国。这样大王既不用战争，也不用施加威势，就拓地百里，大王可真是能力超群啊。大王又发兵攻打魏国，封锁魏都大梁的通道，占领了河内，攻陷了南燕、酸枣、虚、桃人等地，魏国军队像云一样四散奔逃而不敢与秦军正面交锋，大王的功绩也够多了。后来大王又以三年的时间休整军队，其后再次出兵，攻取了蒲、衍、首垣，兵临仁、平丘，把小黄、济阳两地层层围住，最后迫使魏国俯首臣服。大王又将濮、磨以北的土地割取，这样就等于斩断了齐、韩的腰身，折断了楚、魏的脊梁。天下诸侯经过多次联合与联盟，最终仍不敢相互救助，大王的威势真是吓人。目前大王若能保持功绩来守住威严，省去攻战的思虑而增强仁义之心与诚意，不仅可使后患免除，而且不愁三王不变成四王，五霸不改称为六霸。

【原文】

“王若负人徒之众，仗兵甲之强，壹毁魏氏之威，而欲以力臣天下之主，臣恐有后患。《诗》云：‘靡不有初，鲜克有终[①]。’《易》曰：‘狐濡其尾[②]。’此言始之易，终之难也。何以知其然也？智氏见伐赵之利，而不知榆次之祸[③]也；吴见伐齐之便，而不知干隧之败[④]也。此二国者，非无大功也，没利于前，而易患于后也。吴之信越也，从而伐齐，既胜齐人于艾陵[⑤]，还为越王禽于三江之浦[⑥]。智氏信韩、魏，从而伐赵，攻晋阳之城，胜有日矣，韩、魏反之，杀智伯瑶于凿台之上。今王妒楚之不毁也，而忘毁楚之强韩、魏也。臣为大王虑而不取。《诗》云：'大武远宅不涉[⑦]。'从此观之，楚国，援也；邻国，敌也。《诗》：'他人有心，予忖度之。跃跃毚兔[⑧]，遇犬获之。'今王中道而信韩、魏之善王也，此正吴信越也。臣闻，敌不可易，时不可失。臣恐韩、魏之卑辞虑患，而实欺大国也。此何也？王既无重世之德于韩、魏，而有累世之怨矣。韩、魏父子兄弟接踵而死于秦者，累世矣。本国残，社稷坏，宗庙隳[⑨]，刳腹折颐[⑩]，首身分离，暴骨草泽，头颅僵仆，相望于境；父子老弱系虏，相随于路；鬼神狐伤无所食，百姓不聊生，族类离散，流亡为臣妾，满海内矣。韩、魏之不亡，秦社稷之忧也。今王之攻楚，不亦失乎？且王攻楚之日，则恶出兵？王将藉路于仇雠之韩、魏乎？兵出之日而王忧其不反也，是王以兵资于仇雠之韩、魏。王若不藉路于仇雠之韩、魏，必攻随阳、右壤。随阳、右壤，此皆广川大水，山林溪谷不食之地，王虽有之，不为得地。是王有毁楚之名，无得地之实也。

【注释】

①靡不有初，鲜克有终：没有人不能善始，却很少有人能够善终。 ②狐濡(rú)其尾：是说狐狸过河时，开始总是翘起尾巴，不让沾湿，后来累得坚持不下去，便把尾巴弄湿了。用以比喻做事开头容易，坚持到底则困难。 ③榆次之祸：指智伯瑶攻赵襄子于晋阳，最终败于榆次而被杀。榆次，今山西榆次县。 ④干隧之败：指越王勾践袭击吴国，吴王夫差惨败，自刎于干隧。干隧，今江苏吴县西北万安山。 ⑤艾陵：今山东莱芜东北。 ⑥三江之浦：娄江、松江、东江的水滨。 ⑦大武远宅不涉：大脚步要走到远处的住所也是不容易的。武，足迹。 ⑧跃跃：往来跳动。毚(chán)兔：狡兔。 ⑨隳(huī)：毁灭，破坏。 ⑩刳(kū)腹折颐(yí)：剖开肚子，损坏面颊。刳，剖裂。颐，面颊。

【译文】

"如果大王倚仗众多的人口、强盛的军事力量而彻底毁灭魏国的威势，打算用武力使天下诸侯臣服，臣担心秦国从此以后忧患无穷。《诗经》有言：'靡不有初，鲜克有终。'《易经》中也说：'狐濡其尾。'这些都是说开始容易，终结却很难的道理。我是凭什么断定事理是这样的呢？智伯

能看到攻打赵国的好处，却不能想到葬身于榆次的祸患，吴王发现攻打齐国有利可图，可惜料不到在干隧的惨败。这两个国家，并非没有过大的功业，只是贪图眼前利益，惹来了后面的祸患。吴王相信越国，于是攻打齐国，虽然在艾陵打败了齐军，但在归途的三江之滨被越王擒杀；智伯轻信韩、魏，于是和他们一起征伐赵国，围攻晋阳，谁知胜利指日可待，韩、魏两军却阵前倒戈，将智伯杀死在凿台。如今大王对楚国没有覆灭耿耿于怀，却忘了楚国的覆灭相当于增强韩国与魏国的实力。所以我替大王担忧，认为这种做法是不可取的。《诗经》中说：'即使步子迈得大，要到远方也是不容易的。'由此观之，远方的楚国应当是秦国的后援，邻近的国家反而是需要警惕的敌国。《诗经》中又说：'别人有害我之心，我应时刻提防，再狡猾的兔子，碰到猎犬也会被捕获。'如今大王竟在半路上相信韩、魏两国交善于您的话语，这和吴王轻信越国有什么区别呢？臣听说，对敌人不可掉以轻心，好时机不容错失。臣认为韩、魏两国是担心祸患才对大王您言辞卑微，实际上是以此来欺骗秦国啊。这是为什么呢？因为大王对韩、魏两国非但没有几世的恩德，反而有累积数代的仇怨。韩、魏两国人民的父子兄弟连续死于秦人手中的已经有一代又一代了。国家衰残，社稷崩毁，宗庙坍塌，百姓身首分离，白骨累累，尸横遍野，国境内外一派萧瑟景象，而父子老弱都被捆绑掳掠，相随于道。那些孤魂野鬼、狐狸妖怪都无处觅食，百姓更是无法谋生，家族流离失散，四处逃亡沦落为他人的奴仆和姬妾，遍布海内。因此我以为如果韩、魏不灭亡，那就是秦国的大患啊，如今大王却攻打楚国，难道不失策吗？况且大王出兵伐楚之日，打算向何处取道呢？大王要向仇敌韩、魏借道吗？恐怕出兵之日，大王就要开始担忧能否再回秦国了，这无疑是将大批兵马资助给了仇敌韩、魏。大王如果不向两国借道，那只能攻打随阳和右壤，这两个地方遍布高山大河、森林溪谷，是不毛之地，大王即便占有了，也不算真正得到了土地，大王您得到了毁灭楚国的坏名声，却又没有获得土地的实惠。

【原文】

"且王攻楚之日，四国必悉起应[①]王。秦、楚之兵构而不离，魏氏将出兵而攻留、方与、铚、胡陵、砀、萧、相[②]，故宋[③]必尽。齐人南面，泗北[④]必举。此皆平原四达，膏腴之地也，而王使之独攻。王破楚以肥韩、魏于中国而劲齐，韩、魏之强足以校[⑤]于秦矣。齐南以泗为境，东负海，北倚河，而无后患，天下之国莫强于齐。齐、魏得地葆[⑥]利而详事下吏[⑦]，一年之后，为帝若未能，于以禁王之为帝有余。夫以王壤土之博、人徒之众、兵革之强，一举事而注地于楚，诎令韩、魏，归帝重于齐，是王失计也。

“臣为王虑，莫若善楚。秦、楚合而为一以临韩，韩必授首。王襟以山东之险，带以河曲之利，韩必为关中之侯[⑧]。若是，王以甲成郑，梁氏寒心，许、鄢陵[⑨]、婴城，上蔡、召陵[⑩]不往来也。如此，而魏亦关内侯矣。王一善楚，而关内二万乘之主注地[⑪]于齐，齐之右壤可拱手而取也。是王之地一经两海，要绝天下也。是燕、赵无齐、楚，齐、楚无燕、赵也。然后危动燕、赵，持齐、楚，此四国者，不待痛而服矣。”

【注释】

①应：应付，这里引申为乘隙攻击。 ②留：今江苏沛县东南。方与：今山东鱼台县北。铚（zhì）：今安徽宿县南。胡陵：今江苏沛洲北。砀（dàng）：今安徽砀山西南。萧：今江苏萧县西北。相：今安徽濉溪西北。 ③故宋：以上七地均为宋国故地。宋国灭亡，其地归楚，所以叫故宋。 ④泗北：泗水以北。 ⑤校：通“较”，匹敌。 ⑥葆：通“保”。 ⑦详事下吏：指齐、魏佯装侍奉秦国。详，通“佯”，假装。 ⑧关中之侯：即关内侯，秦爵位名。 ⑨许：今河南许昌县东。鄢陵：今河南鄢陵县西北。 ⑩上蔡：今河南上蔡县西南。召陵：今河南偃师县东。 ⑪注地：土地相连。

【译文】

“再说大王攻打楚国之日，韩、赵、魏、齐四国一定都会乘隙攻击。秦楚两国交战，无法分兵抵御，魏国也将出兵攻打留、方与、铚、胡陵、砀、萧、相这些地方，楚国原来占领的宋地也为魏国所有。齐国往南进攻，泗水以北势必会被他们占领。这些地方都是四通八达的平原，土地非常肥沃，可大王偏偏让别人攻占这些地方。大王出兵击溃楚国，不料却养肥了地处中原的韩、魏两国，又增强了齐国的实力。韩、魏两国如果强大起来，就足以和秦国相抗衡了。而齐国的南面边境是泗水，东临大海，北靠黄河，这样它就没有后患了，天下诸侯也就没有哪个能强大过齐国了。

齐、魏两国获得土地又保有了利益，而假装侍奉秦国，一年之后即使无法统一天下，也有足够的力量阻止大王您称帝。凭着大王辽阔的土地、众多的百姓、强盛的军力，一出兵就与楚国结下仇怨，反倒让韩、魏支持齐王称帝，这是大王的失策啊。

“臣为大王考虑，不如和楚国友好亲善。秦、楚两国如果联合起来，兵临韩国疆界，韩国一定俯首臣服。大王凭借崤山的险要地势，依靠河曲的优越条件，韩国必然成了您在关中的耳目。如果这一步成功了，大王再派遣十万大军屯驻在郑地，魏国必定胆战心寒，许和鄢陵环城固守，上蔡、召陵都不敢和魏国往来。这样，魏国也是您关内的耳目了。大王若与楚国修好，关内拥有两万辆战车的君主也就将臣服于您了，秦的边境就将与齐国接壤了，齐国的右壤大王就唾手可得。这时，大王的土地纵横于东西二海之间，横绝天下。燕、赵从此与齐、楚相互断绝了往来。然后你再加以胁迫，这四国不等出兵攻打，便会乖乖降服了。”

或为六国说秦王曰

【原文】

或为六国说秦王曰：“土广不足以为安，人众不足以为强。若土广者安，人众者强，则桀、纣之后将存。昔者，赵氏亦尝强矣。曰赵强何若？举左案齐，举右案魏，厌案[①]万乘之国二，由[②]千乘之宋也。筑刚平[③]，卫无东野，刍牧薪采[④]莫敢窥东门。当是时，卫危于累卵，天下之士相从谋曰：‘吾将还其委质，而朝于邯郸之君乎？’于是天下有称伐邯郸者，莫[⑤]令朝行。魏伐邯郸[⑥]，因退为逢泽之遇[⑦]，乘夏[⑧]车，称夏王，朝为天子[⑨]，天下皆从。齐太公[⑩]闻之，举兵伐魏，壤地两分，国家大危。梁王身抱质[⑪]执璧，请为陈侯[⑫]臣，天下乃释梁。郢威王闻之，寝不寐，食不饱，帅天下百姓[⑬]以与申缚遇于泗水之上，而大败申缚。赵人闻之至枝桑，燕人闻之至格道。格道不通，平际绝。齐战则不胜，谋则不得，使陈毛释剑掫[⑭]，委南听罪，西说赵，北说燕，内喻其百姓，而天下乃释齐。于是夫积薄而为厚，聚少而为多，以同言郢威王于侧牖之间[⑮]。臣岂以郢威王为政衰谋乱以至于此哉？郢为强，临天下诸侯，故天下谋伐之也！”

【注释】

①厌案：压制。厌，通“压”。 ②由：通“犹”，犹如。 ③刚平：在今河北清丰西南。 ④刍牧薪采：放牧者与采樵人。 ⑤莫：通“暮”。傍晚，晚上。⑥魏伐邯郸：公元前354年，魏惠王发兵包围赵都邯郸。 ⑦逢泽之遇：魏惠王主持在魏都大梁附近举行的逢泽会议。遇，会。 ⑧夏：中原地区。 ⑨为：于。天子：周敬王。 ⑩齐太公：当为齐威王。 ⑪质：通“贽（zhì）”，礼品。 ⑫陈侯：齐威王在称王前称陈侯。 ⑬帅：通“率”。百姓：各路诸侯。 ⑭掫（zōu）：巡夜打更的工具。 ⑮侧牖（yǒu）之间：牖意为窗户，在旁边的窗户之间（商量事情），意指密谋算计楚威王。

【译文】

有人为了六国的利益游说秦王说：“国土辽阔不代表可以永保安定，人口众多不足以证明国力强大。如果说国土辽阔就可以永享太平，人口众多就可以长盛不衰，那么夏桀、商纣的后代便能世袭繁荣、安定至今了。过去赵国盛极一时，当时是怎样的情形呢？赵国向东可以震慑齐国，向西可以压制魏国，而压制住这两个万乘大国，犹如支配着千乘的宋国。赵人筑起刚平城，使得卫都东门几乎没有郊野，卫人连放牧砍柴都不敢迈出东门。这个时候，卫国的处境犹如堆起来的鸡蛋一样岌岌可危，天下游说之士相与谋划说：‘难道我们甘心向赵国进贡，向赵国国君俯首称臣吗？’有人提议攻打赵国，于是诸侯便群起而响应，晚上才发出命令，第二天清晨就付诸了行动。魏惠王出兵攻破邯郸，在逢泽主持诸侯会盟，可是他乘坐夏车，自称中原之王，率领诸侯朝见周天子，诸侯不敢不从。齐威王听说此事后，出兵讨伐魏国。魏国国土被分成两半，濒临灭亡。魏惠王亲自带上重礼向齐威王请罪，表示愿意向齐威王俯首称臣，诸侯们这才放过魏国。后来楚威王听说齐威王开始称霸，寝食难安，便率领各路诸侯与齐将申缚大战于泗水之上，齐军大败。赵人听说后，乘势占领了枝桑；燕人听说后，攻占了格道。格道交通断绝，隔断了齐国与外界的交往。齐国接连战败，计谋又不能成功，只好命令陈毛放下兵器，南下向楚威王请罪，向西游说赵国，向北游说燕国，在国内安抚百姓，天下这才放过齐国。积薄渐厚，积少成多，楚威王渐渐得势，天下诸侯又用同样的办法暗算楚威王。这难道是因为楚威王政治腐败、谋略失误吗？这是因为楚国过于强大，威胁到了天下诸侯，所以天下诸侯才图谋攻打它啊！”

谓秦王曰

【原文】

谓秦王①曰：“臣窃惑王之轻齐、易楚，而卑畜韩也。臣闻，王兵胜而不骄，伯主约而不忿。胜而不骄，故能服世；约而不忿，故能从邻。今王广德魏、赵而轻失齐，骄也；战胜宜阳，不恤楚交，忿也。骄、忿非伯王之业也。臣窃为大王虑之而不取也。

“《诗》云：‘靡不有初，鲜克有终。’故先王之所重者，唯始与终。何以知其然？昔智伯瑶②残范、中行，围逼晋阳③，卒为三家④笑；吴王夫差栖越于会稽⑤，胜齐于艾陵⑥，为黄池⑦之遇，无礼于宋⑧，遂与勾践禽，死于干隧⑨；梁君⑩伐楚胜齐，制赵、韩之兵，驱十二诸侯以朝天子于孟津⑪，后子死，身布冠而拘于齐。三者非无功也，能始而不能终也！

【注释】

①秦王：指秦武王。②智伯瑶：春秋末期人，晋国六卿之一。③晋阳：赵氏都城，在今山西太原西南。④三家：指韩、赵、魏。⑤吴王夫差：春秋吴国国君。越：指越王勾践。会（kuài）稽：山名，在今浙江境内。⑥艾陵：在今山东莱芜东北。⑦黄池：在今河南封丘西南。⑧无礼于宋：吴王杀掉宋国大夫，囚禁宋国妇女。⑨干隧：今江苏吴县西北四十里阳山下面。⑩梁君：梁惠王。⑪十二诸侯：又称泗上十二诸侯，分布在泗水流域的一些小国家。孟津：在今河南孟津东北。

【译文】

有人对秦武王说：“臣私下对大王轻视齐、楚，而且小看韩国感到十分疑惑。我听过王者打了胜仗也不骄傲，主持联盟而不急躁。战胜了而不骄傲，因此能够使世人悦服；主持联盟而不急躁，因此才能使诸侯顺从。如今大王广施恩德给魏国和赵国而轻视与齐国的交谊，这是骄傲的表现；攻下宜阳，就不顾与楚国的交谊，这就是盛气凌人的做法。骄傲、放纵而不约束，都不是霸者的作为。我私下里为大王您考虑，觉得这样是不可取的。

“《诗经》上说：‘一开始都做得很好，但很少有能保持到最后的。’因此先王特别看重有始有终。凭什么知道是这样的呢？以前智伯瑶灭掉范氏、中行氏，又围攻晋阳，结果被韩、赵、魏三家耻笑；吴王夫差迫使越王勾践退守在会稽山上，又在艾陵战胜了齐国，主持了黄池会盟，接待宋国时十分无礼，最后被勾践制伏，死在干隧；魏惠王攻打楚国，战胜了齐国，控制赵国、韩国的军队，带领泗上十二诸侯在孟津朝见周天子，但之后太子战死，只好戴上布冠而向齐国屈服。当初这三个人并不是没有显赫战功，但都是开始做得好但没有坚持到最后。

【原文】

“今王破宜阳，残三川，而使天下之士不敢言；雍天下之国，徙两周之疆，而世主不敢交；塞阳侯[①]，取黄棘[②]，而韩、楚之兵不敢进。王若能为此尾[③]，则三王不足四，五伯不足六；王若不能为此尾，而有后患，则臣恐诸侯之君，河、济之士，以王为吴、智之事也。

“诗云：‘行百里者，半于九十。’此言末路之难。今大王皆有骄色，以臣之心观之，天下之事，依世主之心，非楚受兵，必秦也。何以知其然也？秦人援魏以拒楚，楚人援韩以拒秦。四国之兵敌而未能复战也。齐、宋在绳墨之外以为权[④]，故曰先得齐、宋者伐秦。秦先得齐、宋，则韩氏铄[⑤]；韩氏铄，则楚孤而受兵也。楚先得之，则魏氏铄；魏氏铄，则秦孤而受兵矣。若随此计而行之，则两国者必为天下笑矣。”

【注释】

①阳侯：要塞名。在今山东沂水南。②黄棘：在今河南新野东北，秦昭王与楚怀王曾在此结盟。③尾：犹言善终，结果。④权：援助。⑤铄（shuò）：削弱。

【译文】

“如今大王攻破宜阳，占领三川，并且使天下贤士都不敢开口议论；改变了东周和西周的疆界，使各路诸侯不敢相互结交；把守阳侯隘口，夺取了黄棘，使韩国、楚国的军队不敢西进。大王如果能贯彻到底，您就能成就三王五霸一样的功业。假如不能的话，就会有灭亡的危险。我担心各国的君主和黄河、济水一带的有识之士会让大王步夫差、智伯之后尘。

“古语说：‘走一百里路，九十里还只能算是一半。’这是说坚持到最后的艰难。如今大王经常流露出骄傲的情绪，依我的愚见，天下的大事，根据诸侯的想法，不是联合攻击楚国，就是并力攻击秦国。我依据什么知道是这样的呢？秦国援助魏国来抗击楚国，楚国援助韩国来抗击秦国。四国的兵力相当，难以轻易开战。而宋、齐两国置身事外，它们就显得举足轻重。所以说谁先取得齐、宋两国的支持就可以攻打秦国。秦国如果争得齐、宋两国的支援，韩国就会被削弱；韩国被削弱，那么楚国就会孤立无援而受到攻击。假如楚国先得到齐、宋两国的支援，魏国就会受到削弱，魏国被削弱，那么秦国就会陷入孤立而受到攻击。如果按这个计策去做的话，秦、楚两国一定会成为天下的笑柄。”

秦王与中期争论

【原文】

秦王①与中期②争论，不胜，秦王大怒，中期徐行而去。或为中期说秦王曰：“悍人也。中期适遇明君故也，向者遇桀、纣，必杀之矣。”秦王因不罪。

【注释】

①秦王：秦昭王。②中期：秦国人，能言善辩之士。

【译文】

秦王和大臣中期发生争论，秦王未能取胜，勃然大怒，中期从容地离开。有人替中期向昭王解释说：“中期可真是个倔强的人，幸好他碰到了您这位贤明的君主，如果是夏桀、商纣那样的暴君，一定会杀了他。”秦王听了这番话就没有怪罪中期。

濮阳人吕不韦贾于邯郸

【原文】

濮阳①人吕不韦贾于邯郸，见秦质子异人②，归而谓父曰：“耕田之利几倍？”曰：“十倍。”“珠玉之赢几倍？”曰：“百倍。”“立国家之主赢几倍？”曰：“无数。”曰：“今力田疾作，不得暖衣余食；今建国立君，泽可以遗世。愿往事之。”

秦子异人质于赵，处于聊城[③]。故往说之曰：“子傒[④]有承国之业，又有母在中。今子无母于中，外托于不可知之国，一日倍约，身为粪土。今子听吾计事，求归，可以有秦国。吾为子使秦，必来请子。”

乃说秦王后[⑤]弟阳泉君曰：“君之罪至死，君知之乎？君之门下无不居高尊位，太子门下无贵者。君之府藏珍珠宝玉，君之骏马盈外厩，美女充后庭。王[⑥]之春秋高，一日山陵崩，太子用事，君危于累卵而不寿于朝生[⑦]。说有可以一切而使君富贵千万岁，其宁于太山四维[⑧]，必无危亡之患矣。”阳泉君避席，请闻其说。不韦曰：“王年高矣，王后无子，子傒有承国之业，士仓[⑨]又辅之。王一日山陵崩，子傒立，士仓用事，王后之门必生蓬蒿。子异人贤材也，弃在于赵，无母于内，引领西望，而愿一得归。王后诚请而立之，是子异人无国而有国，王后无子而有子也。”阳泉君曰：“然。”入说王后，王后乃请赵而归之。

赵未之遣，不韦说赵曰：“子异人，秦之宠子也，无母于中，王后欲取而子之。使秦而欲屠赵，不顾一子以留计[⑩]，是抱空质也。若使子异人归而得立，赵厚送遣之，是不敢倍德畔施，是自为德讲。秦王老矣，一日晏驾[⑪]，虽有子异人，不足以结秦。”赵乃遣之。

【注释】

①濮阳：卫国都城，在今河南濮阳西南。②异人：秦孝文王之子，早年曾在赵国做人质，后即位为秦庄襄王。③聊（yí）城：在今山东聊城西北。④子傒（xī）：异人的异母弟。⑤秦王后：指秦孝文王之妻华阳夫人。⑥王：指孝文王。⑦朝生：指寿命很短。⑧其宁于太山四维：比泰山的四角还要坚实安稳。太山，即泰山。四维，即四角。⑨士仓：昭王时的秦相杜仓。⑩留计：延缓攻赵的计划。⑪晏驾：对君王死亡的避讳说法。

【译文】

濮阳人吕不韦在邯郸做生意，见到被秦国送到赵国做人质的公子异人，便回家问父亲：“耕田种地可以获利几倍？”父亲回答说：“十倍吧。”吕不韦又问：“贩卖珠宝玉器可以获利几倍？”父亲答道：“一百倍吧。”他又问："那拥立一位君主可获利几倍呢？"他父亲说："这可无法计量。"吕不韦说："如今老百姓努力耕田劳作，仍然不能衣食无忧；而如果拥君立国，则可以将福泽留传给后世。我愿意去做这笔买卖。"

秦公子异人当时正在赵国当人质，住在廖城。于是吕不韦前往拜谒异人说："子傒有继承王位的基础，他的母亲又在宫中支持他。如今公子您既没有母亲在宫内照应，又托身于一个难测的敌国，万一哪天秦、赵背弃信约，公子您将难以保全性命。公子现在如果听从我的安排，先要求回国，就有掌握秦国大权的机会了。我先替公子到秦国活动，将来一定接您回国。"

于是，吕不韦前去游说秦孝文王王后华阳夫人的弟弟阳泉君，说："您的罪已经至死，您知道吗？您门下的宾客位高势尊，而太子门下却无一显贵。而且您府中藏有珍珠宝玉，马厩里还有无数的骏马，后院又住满了佳丽。大王如今年事已高，一旦驾崩，太子执政，那么您的处境将比摞在一起的鸡蛋还要危险，生死在旦夕之间。我这里倒有条权宜之计可保您富贵万年，比泰山还安稳，绝对没有危亡的忧患。"阳泉君赶忙向吕不韦施礼，恭敬地请求吕不韦指教。吕不韦献策说："大王年事已高，华阳夫人又没有子嗣，子傒有资格继承王位，又有杜仓辅助他。一旦大王驾崩，子傒即位，杜仓掌权，到时王后的庭院里必定会长满蒿草，萧条冷落。公子异人是一位贤能的人才啊，可惜被送到赵国做人质，没有母亲在宫中庇护，每每翘首西望家邦，希望有朝一日能够回到秦国。王后倘若能请大王立异人为太子，那么公子异人就会从无国而变得有国，王后也就从无子而变得有子了。"阳泉君说："对！"便进宫说服王后，王后于是要求赵国将公子异人送回秦国。

赵国当然不肯放行，吕不韦就去游说赵王："公子异人是秦王宠爱的儿子，他虽然没有母亲，但现在王后华阳夫人想让他做儿子。假如秦国真的要攻打赵国，必然不会因为一个王子而延误灭赵大计，如此看来，赵国岂不是空有人质了吗？但如果让异人回国当太子，并以厚礼好生相送，公子是不会忘记大王的恩德的，这是从恩德方面让异人甘当人质。秦王已经老迈，一旦驾崩，赵国虽然仍有异人作为人质，但已经不能够再和秦国交好了。"于是，赵王就将异人送回了秦国。

【原文】

异人至，不韦使楚服而见。王后悦其状，高其知，曰："吾楚人也。"而自子之，乃变其名曰楚。王使子诵，子曰："少弃捐在外，尝无师傅所教学，不习于诵。"王罢之，乃留止。间曰："陛下尝轫车[①]于赵矣，赵之豪杰，得知名者不少。今大王反国，皆西面而望。大王无一介之使以存之，臣恐其皆有怨心。使边境早闭晚开。"王以为然，奇其计。王后劝立之。王乃召相，令之曰："寡人子莫若楚。"立以为太子。

子楚立，以不韦为相，号曰文信侯，食蓝田[②]十二县。王后为华阳太后，诸侯皆致秦邑。

【注释】

①轫（rèn）车：停车，这里指下车去赵国当人质一事。轫，阻止车轮滚动的木头。②蓝田：今陕西蓝田。

【译文】

公子异人回到秦国后，吕不韦让他身着楚服去拜见王后。王后见到他的装扮十分高兴，认为他很有头脑，并说："我本是楚国人。"于是把公子异人认作自己的儿子，并给他改名为"楚"。秦王令异人诵读诗书。异人说："孩儿自小被抛弃在外，没有师傅教导传习，不会诵读诗书。"秦王也就作罢了，让他留宿宫中。异人乘秦王空闲时，进言道："陛下也曾在赵国停留过，赵国的豪杰知道大王之名的不在少数。如今大王返秦为君，他们都惦念着您，可是大王却未曾遣派一个使臣去抚慰他们，儿臣担心他们会心生怨恨，希望大王将边境关卡早闭晚开。"秦王觉得他说得很有道理，为他有这样的计谋而感到惊奇。王后乘机劝秦王立异人为太子。秦王于是找来丞相，下诏说："寡人的儿子没有比子楚更能干的。"于是立异人为太子。

公子楚做了秦王以后，任吕不韦为相国，封他为文信侯，将蓝田十二县作为他的食邑。而王后称华阳太后，诸侯们闻讯都给秦国送来了封邑。

文信侯欲攻赵以广河间

【原文】

文信侯欲攻赵以广河间[①]，使刚成君蔡泽事燕三年，而燕太子质于秦。文信侯因请张唐[2]相燕，欲与燕共伐赵，以广河间之地。张唐辞曰："之燕者必径于赵，赵人得唐者，受百里之地。"文信侯去而不快。少庶子甘罗[3]曰："君侯何不快甚也？"文信侯曰："吾令刚成君蔡泽事燕三年，而燕太子已入质矣。今吾自请张卿相燕而不肯行。"甘罗曰："臣请行之。"文信侯叱去曰："我自行之而不肯，汝安能行之也？"甘罗曰："夫项橐[4]生七岁而为孔子师，今臣生十二岁于兹矣，君其试臣，奚以遽言叱也？"

【注释】

①文信侯：秦相吕不韦。河间：指漳、河之间，为吕不韦的封地。②张唐：秦国将军。③甘罗：吕不韦的家臣，楚国下蔡人。④项橐：传说中的神童。

【译文】

文信侯吕不韦打算攻打赵国，以扩张他在河间的封地，他派刚成君蔡泽侍奉燕国三年，而燕太子丹就到秦国做人质。吕不韦就请秦国人张唐到燕国做相国，想和燕国一起去讨伐赵国来扩大河间封地。张唐推辞说："到燕国一定要经过赵国，赵人抓到我，能得到百里之地的封赏。"文信侯很不悦地离开了。少庶子甘罗问："您为什么这么不开心呢？"文信侯说："我让刚成君蔡泽侍奉燕国已经三年了，而燕太子丹也已经做了秦国的人质。现在我亲自请张唐去担任燕相，他竟不肯去！"甘罗说："请允许我去一试。"文信侯呵斥他道："我亲自去请他，他都不肯去，你哪里能让他答应呢？"甘罗说："项橐七岁时就做了孔子的老师，现在我都已经十二岁了，您就让我前去试试，为何如此轻易地就呵斥我呢？"

【原文】

甘罗见张唐曰："卿之功孰与武安君[1]？"唐曰："武安君战胜攻取，不知其数；攻城堕邑，不知其数。臣之功不如武安君也。"甘罗曰："卿明知功之不如武安君欤？"曰："知之。""应侯之用秦也，孰与文信侯专？"曰："应侯不如文信侯专。"曰："卿明知为不如文信侯专欤？"曰："知之。"甘罗曰："应侯欲伐赵，武安君难之，去咸阳[2]七里，绞而杀之。今文信侯自请卿相燕，而卿不肯行，臣不知卿所死之处矣。"唐曰："请因孺子而行！"令库具车，厩具马，府具币，行有日矣。甘罗谓文信侯曰："借臣车五乘，请为张唐先报赵。”

【注释】

①武安君：此指秦国名将白起。②咸阳：秦都，在今陕西咸阳东北。

【译文】

甘罗拜见张唐，说：“您的功劳和武安君相比如何？”张唐说：“武安君打了许多胜仗，攻城略地不计其数，我的功绩不如武安君。”甘罗问：“您真的明白自己的功绩比不上武安君吗？”张唐说：“明白。”甘罗又问：“应侯执政于秦国，和文信侯相比，谁的权势更大？”张唐说：“应侯比不上文信侯。”甘罗问：“您真的知道应侯比不上文信侯的权势大吗？”张唐说：“知道。”甘罗说：“应侯想攻打赵国，但是武安君认为这样有困难而阻止了他，结果是他反而被逐出咸阳七里，被施以绞刑处死。如今文信侯亲自请您去燕国担任相国，而您却不肯去，我不知道您会死在哪里了！”张唐说：“请您转告文信侯，我愿意前往燕国。”于是张唐叫库所准备好车，厩房准备马，内府准备好钱币，并确定了行期。甘罗对文信侯说：“请借给我五辆马车，让我先行前去通报赵王。”

【原文】

见赵王[①]，赵王郊迎。谓赵王曰：“闻燕太子丹之入秦与？”曰：“闻之。”“闻张唐之相燕与？”曰：“闻之。”“燕太子丹入秦者，燕不欺秦也。张唐相燕者，秦不欺燕也。秦、燕不相欺，则代赵[②]危矣。燕、秦所以不相欺者，无异故，欲攻赵而广河间也。今王赍臣五城以广河间，请归燕太子，与强赵攻弱燕。”赵王立割五城以广河间，归燕太子。赵攻燕，得上谷[③]三十六县，与秦什一。

【注释】

①赵王：赵悼襄王。②代赵：代本古国，后来被赵吞并，因此以代赵指代赵国。③上谷：今河北怀来一带。

【译文】

甘罗面见赵王，赵王到郊外迎接他。甘罗对赵王说：“您听说过燕太子丹进入秦国当人质的事吗？”赵王说：“听说过。”甘罗问：“您听说张唐将到燕国做相国的事情了吗？”赵王说：“听说过。”甘罗说：“燕国派太子丹到秦国，说明燕国不欺骗秦国；张唐在燕国任相国，说明秦国不会欺骗燕国。秦、燕两国互不欺骗，赵国就危险了。秦、燕两国之所以不相互欺骗，没有其他的原因，只是想攻打赵国，扩张河间地盘而已。如今大王若能割给我五座城邑，来扩大河间的土地，我就请秦国遣送太子丹回国，再和强赵一起去攻打弱燕。”赵王立刻割让五座城邑给秦国，来扩大河间的土地，秦国也送燕太子丹回到燕国。赵国发兵攻打燕国，得到上谷郡三十六县，给了秦国十分之一。

文信侯出走

【原文】

文信侯出走，与司空马[①]之赵，赵以为守相[②]。秦下甲而攻赵。

司空马说赵王[③]曰："文信侯相秦，臣事之，为尚书[④]，习秦事。今大王使臣守小官，习赵事。请为大王设秦、赵之战，而亲观其孰胜。赵孰与秦大？"曰："不如。""民孰与之众？"曰："不如。""金钱粟孰与之富？"曰："弗如。""国孰与之治？"曰："不如。""相孰与之贤？"曰："不如。""将孰与之武？"曰："不如。""律令孰与之明？"曰："不如。"司空马曰："然则大王之国，百举而无及秦者，大王之国亡。"

赵王曰："卿不远赵，而悉教以国事，愿于因计。"司空马曰："大王裂赵之半以赂秦，秦不接刃而得赵之半，秦必悦。内恶赵之守，外恐诸侯之救，秦必受之。秦受地而却兵，赵守半国以自存。秦衔赂以自强，山东必恐亡，赵国危，诸侯必惧，惧而相救，则从事可成。臣请为大王约从。从事成，则是大王名亡赵之半，实得山东以敌秦，秦不足亡。"

赵王曰："前日秦下甲攻赵，赵赂以河间十二县，地削兵弱，卒不免秦患。今又割赵之半以强秦，力不能自存，因以亡矣。愿卿之更计。"司空马曰："臣少为秦刀笔[⑤]，以官长而守小官，未尝为兵首，请为大王悉赵兵以遇。"赵王不能将。司空马曰："臣效愚计，大王不用，是臣无以事大王，愿自请。"

【注释】

①与：犹言同党。司空马：人名，文信侯的下属。②守相：代理相国。③赵

王：赵幽缪王。 ④尚书：官名。秦相国的属臣，主管文书。 ⑤刀笔：刀笔吏。古代人记事于竹木简牍上，有错处就用刀削去，所以称为刀笔。

【译文】

文信侯吕不韦被驱逐出走，他的同党司空马奔逃到赵国，赵国任命他为代理相国。这时秦国发兵攻打赵国。

司空马对赵王说："文信侯做秦国丞相时，我在他的手下当尚书，对秦国的情况很熟悉。如今大王让我做代理相国，我也要熟悉赵国的情况，请让我为大王假设秦国与赵国的交战，而您就亲自观察谁会取胜。大王觉得赵国与秦国哪一个更强大呢？"赵王说："赵国不如秦国强大。"司空马又问："人口上哪个国家多？"赵王说："赵国不如秦国人多。"又问："钱财粮食上哪个国家更富有？"赵王说："赵国不如秦国富有。""哪个国家治理得更好？"赵王说："赵国比不上秦国。"又问："哪个国家的丞相更贤能？"赵王说："赵国比不上秦国。"又问："哪个国家的将军更高明？"赵王说："赵国比不上秦国。"又问："哪个国家的法令更严明？"赵王说："赵国比不上秦国。"司空马说："这样的话大王的国家，处处都比不上秦国，大王的国家会灭亡。"

赵王恳求说："希望先生不要抛弃赵国，能把治国方略都教授给我，我愿意听从先生的意见。"司空马说："大王割出赵国一半的土地来贿赂秦国，秦国不用发动战争就得到半个赵国，一定十分高兴。秦国担心赵国内有守备，外有诸侯支援，秦国一定会接受割地。秦国得到土地就会退兵，赵国守住一半的国土而得以继续生存。秦国收到土地的贿赂日益强盛，崤山以东的诸侯国一定会害怕灭亡，赵国又危难，诸侯必然会害怕，一旦害怕就会来援救赵国，那么合纵的计策就会成功。我请求为大王去组织合纵的联盟。合纵的计划成功了，那么大王虽然失去了半个赵国，而实际上得到了崤山以东诸侯的支持来抵抗秦国，秦国就难免会灭亡。"

赵王说："前些时候，秦国出兵攻打赵国，我割让了河间十二县来贿赂秦国，国土减少，兵力削弱，最后还是免不了来自秦国的战祸。现在先生又建议割让半个赵国去增强秦国的实力，赵国实在无力自保，因此要灭亡了。希望先生换一个办法吧。"司空马说："我年轻的时候虽然在秦国只做过尚书，不曾担任军队将领，但我请求率领赵国全部的军队去抗击秦国。”赵王不愿意任命司空马为将领。司空马说:“我献上愚计,大王却不采纳,我已经没什么可为大王效力的了,请允许我离开赵国。”

【原文】

司空马去赵,渡平原[1]。平原津令郭遗劳而问:“秦兵下赵,上客从赵来,赵事何如?”司空马言其为赵王计而弗用,赵必亡。平原令曰:“以上客料之,赵何时亡?”司空马曰:“赵将武安君[2],期年而亡;若杀武安君,不过半年。赵王之臣有韩仓者,以曲合于赵王,其交甚亲,其为人疾贤妒功臣。今国危亡,王必用其言,武安君必死。”

韩仓果恶之,王使人代。武安君至,使韩仓数之曰:“将军战胜,王觞将军。将军为寿于前而捍匕首,当死。”武安君曰:“缲[3]病钩,身大臂短,不能及地,起居不敬,恐获死罪于前,故使工人为木杖以接手。上若不信,缲请以出示。”出之袖中,以示韩仓,状如振梱[4],缠之以布。“愿公入明之。”

韩仓曰:“受命于王,赐将军死不赦。臣不敢言。”武安君北面再拜赐死,缩剑将自诛,乃曰:“人臣不得自杀宫中。”过司马门[5],趣甚疾,出棘门[6]也。右举剑将自诛,臂短不能及,衔剑征之于柱以自刺。武安君死,五月赵亡。

平原令见诸公,必为言之曰:“嗟嗞乎,司空马!”又以为司空马逐于秦,非不知也;去赵,非不肖也。赵去司空马而国亡。国亡者,非无贤人,不能用也。

【注释】

①平原:津渡名。在今山东平原西南。②武安君:赵将李牧的封号。③缲(zuǒ):李牧名。④梱(yīn):门轴。⑤司马门:宫门名。⑥棘门:在司马门外的宫门。

【译文】

司空马离开赵国后,路过平原津。平原津令郭遗来慰劳并且打听战事,问道:“秦国正在出兵攻打赵国,贵客从赵国来,请问赵国的情况怎么样?”司空马述说他为赵王献计,但赵王不采纳,赵国一定会灭亡的。平原令问:“根据贵客的推测,赵国什么时候会灭亡呢?”司空马说:“赵王如果任命武安君李牧为将领，一年会灭亡；如果杀了武安君，不超过半年就会灭亡。赵王臣子中有一个叫韩仓的，善于阿谀奉承，迎合赵王，他们的交情很亲密。他这个人妒忌贤能、诋毁功臣。现在赵国正处于危急的时候，赵王一定会听韩仓的话，武安君一定会死。”

韩仓果然向赵王诽谤武安君，赵王就派人取代武安君。武安君回来后，赵王就派遣韩仓去责备武安君。韩仓说：“将军打了胜仗，大王给你敬酒。可将军给大王敬酒时却暗藏匕首，论罪当诛。”武安君说：“我的胳膊有疾病，伸不直，我的身体高大而手臂短小，不能双手够地，在大王面前起居不敬，害怕获得死罪，所以便叫木工做了一个木杖接手，大王若是不信，请允许我拿出来给您过目。”于是从袖中伸出假肢来给韩仓看，那样子就像木杖，用布条缠绕着。武安君说：“请您在大王面前说明这些情况。”

韩仓说：“我接受大王的命令，大王赐将军死罪，不能够赦免，我不敢为你进言。”武安君便向北面拜了两拜，感谢赐死的恩德。他抽出宝剑准备自杀时，说：“臣子不能在宫中自杀。”于是穿过司马门，匆匆走出棘门。他右手举起宝剑要自刎，但因为手臂太短而不能碰到，于是他口衔着宝剑的尖端，撞向柱子自杀了。武安君死后五个月，赵国就灭亡了。

平原令郭遗见到他的朋友时，一定会为司空马叹息，说：“哎，司空马啊！”并且认为司空马被秦国弃逐，这并不是他没有智慧；他离开赵国，也不是他不贤能。赵国不任用司空马而亡国。赵国之所以亡国，并不是因为没有贤能的人，而是因为不能任用贤才。

四国为一

【原文】

四国为一[①]，将以攻秦。秦王召群臣宾客六十人而问焉，曰：“四国为一，将以图秦，寡人屈于内，而百姓靡于外[②]，为之奈何？”群臣莫对。姚贾[③]对曰：“贾愿出使四国，必绝其谋而安其兵。”乃资车百乘，金千斤，衣以其衣冠，带以其剑。姚贾辞行，绝其谋，止其兵，与之为交以报秦。秦王大悦。贾封千户，以为上卿。

韩非短之，曰：“贾以珍珠重宝南使荆、吴[④]，北使燕、代之间三年，四国之交未必合也，而珍珠重宝尽于内，是贾以王之权、国之宝，外自交于诸侯，愿王察之。且梁监门子，尝盗于梁、臣于赵而逐。取世监门子、梁之大盗、赵之逐臣，与同知社稷之计，非所以厉群臣也。”

王召姚贾而问曰：“吾闻子以寡人财交于诸侯，有诸？”对曰：“有之。”王曰：“有何面目复见寡人？”对曰：“曾参⑤孝其亲，天下愿以为子；子胥⑥忠于君，天下愿以为臣；贞女工巧，天下愿以为妃⑦。今贾忠王而王不知也。贾不归四国，尚焉之？使贾不忠于君，四国之王尚焉用贾之身？桀听谗而诛其良将，纣闻谗而杀其忠臣，至身死国亡。今王听谗，则无忠臣矣。”

【注释】

①四国：指的是荆、吴、燕、代。 ②靡于外：耗尽在外边。靡，耗尽。 ③姚贾：魏人，始皇时仕秦。 ④吴：在此指越，越灭吴，故此以吴代越。 ⑤曾参：孔子的弟子，以孝著称。 ⑥子胥：楚人，忠于吴，被吴王夫差所杀。 ⑦妃：配偶。

【译文】

荆、吴、燕、代四国结盟，准备进攻秦国。秦王政召集大臣和宾客六十人，向他们咨询应对之计：“四国联合，打算攻打秦国，本国在内财力窘迫，在外百姓耗损，该怎么办呢？”大臣们没有应答。姚贾回答说：“我愿意出使四国，我一定可以破坏他们的计谋，阻止他们发动军队。”秦王就给他准备了百辆战车，千斤黄金，并让姚贾穿上自己的衣服，戴上自己的帽子，佩上自己的宝剑。姚贾辞别秦王，破坏了四国进攻秦国的计谋，阻止了他们发动军队，而且和他们结交，以回报秦王。秦王非常高兴，把千户封给了姚贾，并任命他为上卿。

韩非诽谤姚贾说：“姚贾携带着珍贵的珠宝，南面出使荆、吴，北面出使燕、代等地，时达三年，未必能和四国真正结交，但带去的珍宝已散尽，他实际上是在利用大王的权势、秦国的珍宝，私自在外结交诸侯，希望大王明察。况且他是大梁一个守门人的儿子，曾在魏国做过盗窃的事情，在赵国又曾被驱逐出境，向守门人的儿子、魏国的盗贼、赵国的逐臣咨询国家大事，这恐怕不是勉励群臣的方法！”

秦王召见姚贾，向他询问此事："我听说你用秦国的财物结交诸侯，有这种事吗？"姚贾回答说："有。"秦王说道："那你还有什么脸面再来和我相见？"姚贾回答说："昔日曾参孝顺父母，天下人都希望让他做自己的儿子；伍子胥对他的君主忠诚，天下的君主都希望让他做自己的臣子；女子擅长女工，天下的男人都希望让她做自己的配偶。如今我对大王忠诚却得不到大王的信任，我不去那四国，又能去哪呢？如果我对自己的君主不忠诚，四国的君王又怎么会信任我呢？夏桀听信谗言而杀害他的良将关龙逢，纣王听信谗言而杀了他的忠臣比干，最终落得身死国亡的下场。如今大王听信谗言，只怕不会再有人为您效力了。"

【原文】

王曰："子监门子，梁之大盗，赵之逐臣。"姚贾曰："太公望，齐之逐夫，朝歌之废屠①，子良之逐臣，棘津之不雠庸②，文王用之而王③。管仲④，其鄙之贾人也，南阳之弊幽⑤，鲁之免囚⑥，桓公用之而伯。百里奚，虞之乞人，传卖以五羊之皮，穆公⑦相之而朝西戎。文公⑧用中山盗，而胜于城濮⑨。此四士者，皆有诟丑，大诽天下，明主用之，知其可与立功。使若卞随、务光、申屠狄⑩，人主岂得其用哉？故明主不取其污，不听其非，察其为已用。故可以存社稷者，虽有外诽者不听；虽有高世之名，无咫尺之功者不赏。是以群臣莫敢以虚愿望于上⑪。"秦王曰："然。"乃复使姚贾而诛韩非。

【注释】

①废屠：卖不出肉的屠夫。②棘津：在今山东日照境内。不雠庸：无人过问的佣工。雠，通"售"。③王（wàng）：称王，据有天下。④管仲：管夷吾，春秋时齐国名臣，辅佐齐桓公称霸。⑤南阳：指今山东泰山以南，汶水以北的地区。弊幽：隐身苟活而被埋没的人。⑥鲁之免囚：齐国内乱，管仲奉公子纠奔鲁，后公子小白入齐，纠死，鲁人囚管仲，送他归齐。⑦穆公：秦穆公，春秋五霸之一。⑧文公：晋文公，名重耳。⑨城濮：在今山东鄄（juàn）城西南临濮集。⑩卞随、务光：都是商汤时的隐士，不愿接受汤的让位。申屠狄：商纣时人，见纣无道，投水自杀。⑪虚愿望于上：用不切实际的想法希求国君。

【译文】

秦王说："你是守门人的儿子、魏国的大盗、赵国的弃臣。"姚贾说：

“太公望，被东海老妇抛弃，在朝歌杀牛却卖不出牛肉，为子良办事却被赶走，在棘津打工却无人雇用，但文王任用他而成就了王业。管仲，曾经是齐国边远地区的商贩，在南阳隐居苟活，是鲁国赦免的囚犯，但齐桓公凭借他而成为霸主。百里奚，起初是虞国的乞丐，相传被人用五张羊皮转卖到了秦国，但秦穆公任用他竟使得西戎来朝。晋文公任用中山国的盗贼，却赢得了城濮之战。这四位贤士都经历过令人不耻的事情，遭受了天下人的诽谤，但明主重用他们，是因为知道他们能为国家立功。如果像卞随、务光、申屠狄那样的隐士，君主又怎么任用他们呢？所以圣明的君主不看他们的污点，不听信别人指摘他们的过失，主要看他们能否为己所用。只要能安定国家，就不听信外人的诽谤；即使有很大的名声，要是没有哪怕微小的功绩也不赏赐。这样群臣就不会有毫无功绩而想得到封赏的虚妄想法了。”秦王叹服：“您说得对。”于是重新任用姚贾，并诛杀了韩非。

齐策

靖郭君将城薛

【原文】

靖郭君将城薛[①]，客多以谏。靖郭君谓谒者[②]无为客通。齐人有请者曰：“臣请三言而已矣！益一言，臣请烹。”靖郭君因见之。客趋而进曰：“海大鱼。”因反走。君曰：“客有于此。”客曰：“鄙臣不敢以死为戏。”君曰：“亡，更言之。”对曰：“君不闻海大鱼乎？网不能止，钩不能牵，荡而失水，则蝼蚁得意焉。今夫齐，亦君之水也。君长有齐阴[③]，奚以薛为？失齐，虽隆薛之城到于天，犹之无益也。”君曰：“善。”乃辍城薛。

【注释】

①靖郭君：齐国大臣田婴的封号。薛：靖郭君的封邑，在今山东滕县以南。②谒者：负责传达信息的小吏。③阴：同“荫”，庇护。

【译文】

靖郭君田婴将要修筑薛城，很多门客都去谏阻他。田婴吩咐传达人员不要替劝谏的门客通报。齐国有个门客要求拜见田婴，他对传达人员说："我只说三个字就离开，要是多一个字，愿意领受烹杀之刑。"田婴因此接见了他。这位门客快步走到田婴跟前，说："海大鱼。"然后转身就走。田婴问："先生还有话要说吧！"门客说："我可不敢拿生死当儿戏！"田婴说："我不怪罪你，先生请讲！"门客这才回答道："您没听说过海里的大鱼吗？网打不上，钩钓不到，可一旦它因为得意忘形而离开了水域，那么蝼蚁也能随意处置它。（以此相比）现在齐国就像是您的水。如果您永远有齐国庇护，那么您要薛地有什么用呢？而您如果失去了齐国，即使将薛邑的城墙筑得跟天一样高，又有什么用呢？"田婴称赞说："您说得对。"于是停止了筑城一事。

靖郭君善齐貌辨

【原文】

靖郭君善齐貌辨[①]。齐貌辨之为人也多疵，门人弗说[②]。士尉[③]以证靖郭君，靖郭君不听，士尉辞而去。孟尝君又窃以谏，靖郭君大怒曰："刬[④]而类，破吾家。苟而慊[⑤]齐貌辨者，吾无辞为之。"于是舍之上舍，令长子御，旦暮进食。

数年，威王薨，宣王立。靖郭君之交大不善于宣王，辞而之薛，与齐貌辨俱留。无几何，齐貌辨辞而行，请见宣王。靖郭君曰："王之不说婴甚，公往，必得死焉。"齐貌辨曰："固不求生也，请必行。"靖郭君不能止。

齐貌辨行至齐，宣王闻之，藏怒以待之。齐貌辨见宣王，王曰："子，靖郭君之所听爱夫！"齐貌辨曰："爱则有之，听则无有。王之方为太子之时，辨谓靖郭君曰：'太子相不仁，过颐豕视[⑥]，若是者倍反。不若废太子，更立卫姬婴儿郊师[⑦]。'靖郭君泣而曰：'不可，吾不忍也。'若听辨而为之，必无今日之患也。此为一。至于薛，昭阳[⑧]请以数倍之地易薛，辨又曰：'必听之。'靖郭君曰：'受薛于先王，虽恶于后王，吾独谓先王何乎？且先王之庙在薛，吾岂可以先王之庙与楚乎！’又不肯听辨。此为二。”宣王太息，动于颜色，曰：“靖郭君之于寡人一至此乎？寡人少，殊不知此。客肯为寡人来靖郭君乎？”齐貌辨对曰：“敬诺。”

靖郭君衣威王之衣冠，带其剑。宣王自迎靖郭君于郊，望之而泣。靖郭君至，因请相之。靖郭君辞，不得已而受。七日，谢病强辞。靖郭君辞不得，三日而听。

当是时，靖郭君可谓能自知人矣。能自知人，故人非之不为沮。此齐貌辨之所以外生、乐患、趣[9]难者也！

【注释】

①齐貌辨：齐人，靖郭君的门客。 ②说：通“悦”，不满意。 ③士尉：齐人，也是靖郭君的门客。 ④刬（chǎn）：同“铲”，削除。 ⑤慊（qiè）：满意。 ⑥过颐豕视：颐，脸颊，过颐形容脸颊过长。豕，猪，此处形容眼光无神。⑦郊师：人名。卫姬的儿子，宣王的庶弟。 ⑧昭阳：人名。楚将，曾任楚大司马。⑨趣：通“趋”。

【译文】

靖郭君对门客齐貌辨恩遇甚厚。可是齐貌辨有很多小缺点，因此门客们都不喜欢他。有个叫士尉的人拿出实证，劝靖郭君赶走齐貌辨，靖郭君不听，士尉就离开了。孟尝君田文也悄悄劝谏靖郭君，靖郭君十分生气，说：“即使牺牲你们这些人，捣毁我这片家业，只要能让齐貌辨高兴，我也不惜去做！”于是他就让齐貌辨住上等的房间，并且派长子为他驾车，早晚还给他送饭。

几年以后，齐威王驾崩，齐宣王即位。田婴跟宣王关系不好，于是请求离开，到自己的封地薛地来住，齐貌辨也跟他一起住在薛城。没过多久，齐貌辨决定辞别田婴，前往齐国，请求谒见宣王，田婴就说：“君王很讨厌我田婴，你去，一定会被处死！”齐貌辨说：“臣本来就不求能活下来，既然请求，我一定要去。”田婴不能阻止，于是齐貌辨就去见宣王。

齐貌辨到了齐国临淄，宣王听说了这件事，收敛怒气等待他的到来。齐貌辨拜见宣王，宣王说：“你是靖郭君所听信和宠爱的人！”齐貌辨回答说：“宠爱是有的，但靖郭君可不是什么都听我的。当大王还是太子的时候，我曾对靖郭君说：‘太子看起来不仁德，脸颊太长，眼睛无神，像这样的人，在施政时一定会违反正道。不如废掉太子，改立卫姬的儿子郊师。’靖郭君听了，哭着对臣说：‘不可以，我不忍心这样做。’如果当初他听我的话，那么他一定没有今天的祸患，这是其一。到了薛城，楚将昭阳请求拿几倍的土地来换薛地。我又劝靖郭君说：‘一定要接受。’靖郭君说：‘我从先王那里接受了薛地，虽然现在的王不喜欢我，但是我也不能拿薛地和别人交换，否则我怎么向先王交代呢？况且，先王的宗庙在薛地，我怎么能把先王的宗庙交给楚国呢！’他又不肯听我的。这是其二。”齐宣王听了，不禁发出一阵长叹，表情也变了，说：“靖郭君对寡人竟然好到这种程度吗？我年少，不知道这些事情。您愿意为我把靖郭君请回来吗？”齐貌辨回答说：“好！”

靖郭君来的时候，穿戴的是威王赐给他的衣服和帽子，佩带着他自己的宝剑。齐宣王亲自到郊外迎接他，远远地看见他就哭泣。靖郭君回朝之后，齐宣王请他做丞相。靖郭君再三推辞，不得已才接受。七天以后，他就以有病为由，坚决要求辞去官职。没有得到准许，又过了三天，齐宣王才答应他的请求。

那个时候，靖郭君可以说是有知人之明啊！靖郭君能够了解别人，所以即使别人非议那个人，靖郭君也不会对那个人感到失望。这也就是齐貌辨之所以不顾自身性命、乐于解除他的祸患、急于选择危难的原因。

成侯邹忌为齐相

【原文】

成侯邹忌为齐相，田忌为将，不相说。公孙闬[①]谓邹忌曰：“公何不为王谋伐魏？胜，则是君之谋也，君可以有功；战不胜，田忌不进，战而不死，曲挠而诛。”邹忌以为然，乃说王而使田忌伐魏。

【注释】

①公孙闬（hàn）：齐人，邹忌的门客。

【译文】

成侯邹忌是齐相，田忌是齐国的大将，二人关系不好。公孙闬对邹忌说：“您为何不替大王谋划进攻魏国一事呢？如果打了胜仗，那是您的计谋好，您可以立大功；一旦战败，田忌即使不死在战场，也会在回国之后死在军法之下。”邹忌认为他说得对，于是劝说齐威王，请他命田忌讨伐魏国。

【原文】

田忌三战三胜，邹忌以告公孙闬，公孙闬乃使人操十金而往卜于市，曰：“我，田忌之人也，吾三战三胜，声威天下，欲为大事，亦吉否？”卜者出，因令人捕为人卜者，亦验其辞于王前。田忌遂走。

【译文】

田忌三战皆胜，邹忌把这件事告诉了公孙闬。公孙闬就派人拿着十金到集市上去占卜，这个人对算卦的人说：“我是田忌将军的部下，如今我们三战三胜，威震天下，想要做大事，请问吉凶如何？”等这个人离开之后，公孙闬派人逮捕了算卦的人，把他带到齐王面前，验证了这番话。田忌因此不得不逃离齐国。

田忌亡齐而之楚

【原文】

田忌亡齐而之楚，邹忌代之相齐，恐田忌欲以楚权复于齐。杜赫曰：“臣请为留楚。”谓楚王[①]曰：“邹忌所以不善楚者，恐田忌之以楚权复于齐也。王不如封田忌于江南，以示田忌之不返齐也。邹忌以齐厚事楚。田忌亡人也，而得封，必德王。若复于齐，必以齐事楚。此用二忌之道也。”楚果封之于江南。

【注释】

①楚王：楚宣王，名良夫。

【译文】

田忌从齐国逃跑，到了楚国。邹忌取代他担任齐国的相国，担心田忌会凭借楚国的权力重回齐国。说客杜赫对他说：“我请求帮助您，使田忌留在楚国。”于是对楚宣王说：“齐相邹忌之所以对楚国不友善，是因为担心田忌借助楚国的势力返回齐国。大王不如将田忌分封到长江以南，以此来表示田忌不会再返回齐国。如此一来，邹忌一定会让齐国很好地对待楚国。田忌是个逃亡的人，要是能得到封地，一定会感激大王，即便他将来回到齐国，也一定会优待楚国。这是利用邹忌、田忌的好方法。”楚王果然将田忌封在长江以南。

邹忌修八尺有余

【原文】

邹忌修八尺[①]有余，身体昳丽[②]。朝服衣冠，窥镜，谓其妻曰："我孰与城北徐公美？"其妻曰："君美甚。徐公何能及君也！"城北徐公，齐国之美丽者也。忌不自信，而复问其妾曰："吾孰与徐公美？"妾曰："徐公何能及君也！"旦日，客从外来，与坐谈，问之客曰："吾与徐公孰美？"客曰："徐公不若君之美也！"

【注释】

①尺：指周朝时期的尺，一尺约合二十厘米。②昳（yì）丽：光艳美丽。

【译文】

邹忌身高八尺多，容貌俊美。一天早晨，他穿好衣服，戴好帽子，看着镜子，对他的妻子说："我跟城北的徐公比，哪个更俊美？"他的妻子说："您俊美极了，徐公怎么能比得上您呢？"城北的徐公，是齐国的美男子，邹忌不相信自己比徐公俊美，又问侍妾说："我和徐公相比，哪个更俊美？"妾说："徐公怎么能比得上您呢？"第二天，有位客人来拜访，邹忌跟他坐着闲谈，又提起了这个问题："我和徐公哪个更俊美？"客人说："徐公没有您俊美。"

【原文】

明日，徐公来。孰视之，自以为不如；窥镜而自视，又弗如远甚。暮寝而思之，曰："吾妻之美我者，私我也！妾之美我者，畏我也！客之美我者，欲有求于我也！"

【译文】

第二天，徐公来到了邹忌家里。邹忌仔细地打量着他，认为自己没有他俊美，拿起镜子来仔细端详，更觉得自己远远不如徐公俊美。晚上他躺在床上考虑这件事，领悟到："我的妻子认为我俊美，是因为她偏爱我；侍妾认为我俊美，是因为她畏惧我；客人认为我俊美，是因为他有求于我！"

【原文】

于是入朝见威王曰："臣诚知不如徐公美，臣之妻私臣，臣之妾畏臣，臣之客欲有求于臣，皆以美于徐公。今齐地方千里，百二十城。宫妇左右，莫不私王；朝廷之臣，莫不畏王；四境之内，莫不有求于王。由此观之，王之蔽甚矣！”王曰：“善。”乃下令：“群臣吏民能面刺寡人之过者，受上赏！上书谏寡人者，受中赏！能谤议于市朝，闻寡人之耳者，受下赏！”

【译文】

于是邹忌到朝堂上拜见齐威王，说：“臣知道自己没有徐公俊美，可是我的妻子偏爱我，侍妾畏惧我，客人有求于我，都说我比徐公俊美。现在齐地方圆千里，有一百二十座城邑，宫中妃嫔、左右侍从没有不偏爱大王的，朝廷中的臣子没有不畏惧大王的，齐国境内没有不有求于大王的，由此可见，大王被蒙蔽得太厉害了！”齐威王说：“您说得对。”于是发出诏令：“无论大臣还是百姓，只要能当面指出寡人的过失的，受上赏；能上书劝谏寡人的，受中赏；能在市井中批评朝政，并且被我听到的，受下赏。”

【原文】

令初下，群臣进谏，门庭若市；数月之后，时时而间进；期年之后，虽欲言，无可进者。燕、赵、韩、魏闻之，皆朝于齐。此所谓战胜于朝廷。

【译文】

诏令刚刚颁布时，大臣们都来进谏，宫廷内外像集市一样热闹；几个月以后，不时有人来提意见；一年之后，人们即使想进言，也没什么可说的了。燕、赵、韩、魏四国听说了这件事，都来朝见齐国。这就是所谓的在朝堂上战胜他国！

秦假道韩、魏以攻齐

【原文】

秦假道韩、魏以攻齐，齐威王使章子将而应之[①]，与秦交和而舍[②]。使者数相往来，章子为变其徽章[③]，以杂秦军。候者言章子以齐入秦，威王不应。顷之间，候者复言章子以齐兵降秦，威王不应。而此者三。有司请曰：“言章子之败者，异人而同辞。王何不发将而击之？”王曰：“此不叛寡人明矣，曷[④]为击之！”

【注释】

①齐威王：据考此处当为齐宣王，以下皆同。章子：齐国的名将匡章。 ②交和而舍：军门称为“和”。舍，驻扎军队。指两军相对着屯驻。 ③徽章：包括旗帜和军装的标志。 ④曷：通“何”。

【译文】

秦国向韩、魏借路去攻打齐国。齐威王命匡章率领军队应战。匡章则一接触秦军就驻扎下来。使者多次互相来往，匡章改变了旗帜和士兵衣服上的标志，然后把他们混杂在秦军中。探兵把此事汇报给了威王，说匡章将齐兵送给了秦国，齐威王没有理会。没过多久，探兵又说匡章带领齐兵投降了秦国，齐威王仍旧不应答。像这样的情况发生了很多次。一个朝臣就请求威王说：“说章子兵败的人虽然不同，可是他们说的话却相同。大王为什么不派将领攻打他？”齐威王回答说：“在这种情况下，章子显然是不会背叛寡人的，为什么要去攻打他呢？”

【原文】

顷间，言齐兵大胜，秦军大败，于是秦王拜西藩之臣而谢于齐。左右曰：“何以知之？”曰：“章子之母启得罪其父，其父杀之而埋马栈之下。吾使章子将也，勉之曰：‘夫子之强，全兵而还，必更葬将军之母。’对曰：‘臣非不能更葬先妾也。臣之母启得罪臣之父，臣之父未教而死。夫不得父之教而更葬母，是欺死父也。故不敢。’夫为人子而不欺死父，岂为人臣欺生君哉？”

【译文】

没过多久，有消息说齐军大获全胜，秦军大败，因此秦惠王只好自称西藩臣子，并派使者向齐国谢罪。齐威王的近臣说：“大王凭什么知道章子绝对不降秦呢？”齐威王说：“匡章的母亲启得罪了他的父亲，他的父亲就杀了她，并把她埋在马棚下面。当初寡人让匡章统率军队时，曾经鼓励他说：‘您强壮勇武，当您率领所有军队回来时，我一定会改葬您的母亲。’匡章回答说：‘我不是不能改葬先母，而是因为我的母亲得罪了我父亲，而我的父亲没有留下嘱托就死了。如果我擅自改葬母亲，就是欺骗死去的父亲啊。所以我不敢改葬母亲。’他作为儿子，不欺骗死去的父亲，难道他作为臣子时反倒会欺骗活着的君王吗？”

秦伐魏

【原文】

秦伐魏，陈轸[①]合三晋而东，谓齐王[②]曰："古之王者之伐也，欲以正天下而立功名，以为后世也。今齐、楚、燕、赵、韩、梁六国之递甚也，不足以立功名，适足以强秦而自弱也，非山东之上计也。能危山东者，强秦也。不忧强秦而递相罢弱，而两归其国于秦。此臣之所以为山东之患。天下为秦相割，秦曾不出刀；天下为秦相烹，秦曾不出薪。何秦之智而山东之愚耶？愿大王之察也。

【注释】

①陈轸：齐人，纵横家，口才很好，此时在魏。 ②齐王：齐闵王。

【译文】

秦国攻打魏国，陈轸联合晋国三卿韩、赵、魏，然后东进，对齐王说："古代圣王征伐，是想匡正天下秩序、建立功名，作为后世的榜样。现在齐、楚、燕、赵、韩、魏等六国互相征伐，不但不足以建立功名，反而会壮大秦国，削弱自身，这绝对不是有利于崤山以东的国家的良策。能够威胁到崤山以东诸侯的，是秦国。如今，六国不担忧强大的秦国，却互相削弱，最终必然会两败俱伤，被秦国吞并，这是我认为的崤山以东各国的忧患。天下诸侯替秦互相割戮，秦却没有使用刀剑；天下诸侯互相烹煮，秦却没有出柴火。秦是多么聪明，而山东各国是多么愚蠢啊！但愿大王明察。

【原文】

"古之五帝、三王、五伯之伐也，伐不道者；今秦之伐天下不然，必欲反之，主必死辱，民必死虏。今韩、梁之目未尝干，而齐民独不也，非齐亲而韩、梁疏也，齐远秦而韩、梁近。今齐将近矣！今秦欲攻梁绛、安邑[①]，秦得绛、安邑以东下河，必表里河而东攻齐，举齐属之海，南面而孤楚、韩、梁，北向而孤燕、赵，齐无所出其计矣。愿王熟虑之！

【注释】

①绛：春秋时晋都新田，在今山西曲沃西南。安邑：魏国旧都，在今山西夏县西北。

【译文】

“古代的三皇、五帝、五霸兴兵，目的是讨伐无道的国家；但是现在秦国征伐天下不是这样的，而是和古代相反，国君死于屈辱，百姓死于掳掠。现在韩、魏两国百姓的眼泪还没有干，只有齐国百姓还没有惨遭秦军的蹂躏，不是因为齐国和秦国亲近，而韩、魏与秦国疏远，只是因为齐国远离秦国，而韩、魏靠近秦国。如今齐国也离秦国很近了！现在秦国想要攻打魏国的绛县和安邑，得到绛县和安邑之后再东下黄河，到时一定能以黄河为依靠往东攻打齐国，占领齐国土地，直到到达东海之滨，并且向南孤立韩、魏、楚，向北使燕、赵陷入孤立无援之地。这样一来，齐国就没有计策来应对了，希望大王慎重考虑这件事。

【原文】

“今三晋已合矣，复为兄弟，约而出锐师以戍梁绛、安邑，此万世之计也。齐非急以锐师合三晋，必有后忧。三晋合，秦必不敢攻梁，必南攻楚。楚、秦构难，三晋怒齐不与己也，必东攻齐。此臣之所谓齐必有大忧，不如急以兵合于三晋。”

齐王敬诺，果以兵合于三晋。

【译文】

“现在韩、魏、赵三国已经结盟，重新成为兄弟之邦，相约共同派遣精锐的军队戍守魏国的绛县和安邑，这都是长远的计策。齐国如果不立即派遣精兵，帮助韩、赵、魏三国，一定会有后患。因为，秦国考虑到韩、赵、魏三国已经联合，不敢攻打魏国，必然会向南攻打楚国。而一旦楚、秦交战，韩、赵、魏三国就会愤恨齐国不与自己联合，一定向东攻打齐国。这就是我所说的齐国一定会有大祸患，大王不如立即出兵，和韩、赵、魏三国联合。”

齐宣王欣然同意，果然出兵联合韩、赵、魏三国。

苏秦为赵合从

【原文】

苏秦[①]为赵合从，说齐宣王曰：“齐南有太山，东有琅邪[②]，西有清河[③]，北有渤海，此所谓四塞之国也。齐地方二千里，带甲数十万，粟如丘山。齐车[④]之良，五家之兵[⑤]，疾如锥矢，战如雷电，解如风雨。即有军役，未尝倍太山、绝清河、涉渤海也。临淄[⑥]之中七万户，臣窃度之，下户三男子，三七二十一万，不待发于远县，而临淄之卒固以二十一万矣。临淄甚富而实，其民无不吹竽、鼓瑟、击筑、弹琴、斗鸡、走犬、六博、蹋踘[⑦]者；临淄之途，车毂击，人肩摩，连衽成帷，举袂成幕，挥汗成雨，家敦而富，志高而扬。夫以大王之贤与齐之强，天下不能当。今乃西面事秦，窃为大王羞之！

【注释】

①苏秦：本章为纵横家练习游说之作，此苏秦及下文齐宣王皆为假托。 ②琅邪：山名。在今山东诸城东南。 ③清河：指济水，是齐、赵边境界的河流。 ④齐车：《史记》作“三军”。 ⑤五家之兵：又称“五都之兵”，为齐军主力。 ⑥临淄：齐国都城，在今山东淄博东北。 ⑦竽：乐器，笙类。瑟：乐器，似琴。筑：乐器，似瑟而较大。六博：古代一种棋类游戏。蹋踘（jū）：类似足球，以皮做成，以毛充实。

【译文】

苏秦替赵国施行合纵策略，游说齐宣王道：“齐国的南边是泰山，东面是琅邪山，西面是清河，北面是渤海，这就是所谓的四面各有要塞的国家。齐国国土方圆两千里，兵士几十万，军粮堆积如山。三军个个都是勇士，又有五国军队的支援，集合时速度快如箭矢，作战时像雷电般勇猛，解散时像风停雨止一样快捷。即使有战争，敌军也从没有越过泰山，渡过清河，跨过渤海。临淄城中七万户人家，我私下里估算，每户出三名壮士，三七就是二十一万人，不必征调远方城邑的兵力，仅临淄一城的士兵就有二十一万了。临淄城非常富裕，百姓都会吹竽、鼓瑟、击筑、弹琴、斗鸡、赛狗、六博、踢球。临淄的街道上，车轴相接、行人肩擦着肩，把衣襟连起来可做成帷帐，把衣袖举起来就成了帷幔，人们的汗洒下来就像下雨一样，家家敦实富裕，人人志气高昂。凭大王的贤明和齐国的强盛，天下诸侯都不敢跟齐国抗衡。没想到大王现在竟然向西侍奉秦国，我私底下实在为大王感到羞愧。

【原文】

“且夫韩、魏之所以畏秦者，以与秦接界也。兵出而相当，不至十日而战胜存亡之机决矣。韩、魏战而胜秦，则兵半折，四境不守；战而不胜，以亡随其后。是故韩、魏之所以重与秦战而轻为之臣也。

【译文】

“况且，韩、魏之所以畏惧秦国，是因为跟秦国接壤。秦国出兵，韩、魏面向兵锋，不到十天就可以决定双方胜败存亡的命运。假如韩、魏战胜秦军，那么韩、魏的兵力必然要损失大半，四面的边境也难以守住；假如韩、魏战败，那么灭亡随之而来。因此，韩、魏才不敢轻易向秦国宣战，而是选择了当秦的附庸国。

【原文】

“今秦攻齐则不然，倍韩、魏之地，过卫阳晋①之道，径亢父②之险，车不得方轨，马不得并行，百人守险，千人不能过也。秦虽欲深入，则狼顾，恐韩、魏之议其后也，是故恫疑虚猲③，高跃而不敢进，则秦不能害齐，亦已明矣。夫不深料秦之不奈我何也，而欲西面事秦，是群臣之计过也。今无臣事秦之名，而有强国之实，臣固愿大王少留计。”

齐王曰：“寡人不敏，今主君以赵王之教诏之，敬奉社稷以从。”

【注释】

①阳晋：在今山东郓城以西。②亢父：在今山东济宁以南。③猲（hè）：通“喝”。

【译文】

“现在秦攻打齐国却不是这样的，因为秦国的背后有韩、魏，而秦军要伐齐，首先必然要经过魏国的原属卫国的阳晋要道，穿越亢父的险路，可是那里车、马不能并行，只要有一百个人守住险要之处，哪怕敌军有一千人也无法通过。秦国虽然想要深入，但是又要顾及后方，担心韩、魏从背后偷袭。因此，秦国虚张声势，高高跃起，做出进攻之势，却不敢进攻，不能攻齐已经很明显了。不深入考虑秦国并不能拿齐国怎么样，却想往西侍奉秦国，是群臣的计策不当。现在齐国没有以臣子侍奉秦国的名分，而是具有强国的实力，我希望大王稍微考虑一下这一情况！”

齐宣王说：“寡人愚钝，现在您奉赵王之命赐教于齐，寡人愿举国跟从您。”

张仪为秦连横说齐王曰

【原文】

张仪为秦连横说齐王曰：“天下强国无过齐者，大臣、父兄殷众富乐，无过齐者。然而为大王计者，皆为一时说而不顾万世之利。从人说大王者，必谓：‘齐西有强赵，南有韩、魏，负海之国也，地广人众，兵强士勇，虽有百秦，将无奈我何。’大王览其说而不察其至实。

【译文】

张仪为了帮助秦国实现分别与其他六国结盟的连横政策，游说齐宣王说：“天下的强国没有超过齐的，臣子及家族的富足和快乐，也没有哪个国家能超过齐国。然而为大王谋划的人，都只为了自己一时的安稳和愉快，却没有顾及长远的利益。主张合纵的人游说大王时一定会说：‘齐国西面有强大的赵国，南面有韩、魏，东面濒临大海，土地广阔，人口众多，士兵强壮而又勇猛，即使有一百个秦国，也不能拿齐国怎么样。’大王认同了他们的说法，却没有洞察到实质。

【原文】

“夫从人朋党比周，莫不以从为可。臣闻之，齐与鲁三战而鲁三胜，国以危亡随其后，虽有胜名而有亡之实，是何故也？齐大而鲁小。今赵之与秦也，犹齐之于鲁也。秦、赵战于河漳①之上，再战而再胜秦；战于番吾②之下，再战而再胜秦。四战之后，赵亡卒数十万，邯郸仅存。虽有胜秦之名，而国破矣！是何故也？秦强而赵弱也。今秦、楚嫁子取妇③，为昆弟之国。韩献宜阳，魏效河外，赵入朝黾池④，割河间⑤以事秦。大王不事秦，秦驱韩、魏攻齐之南地，悉赵涉清河⑥，指博关⑦，临淄、即墨⑧非王之有也。国一日被攻，虽欲事秦，不可得也。是故愿大王熟计之！”

【注释】

①河漳：指漳水。 ②番（pán）吾：赵国邑名，在今河北磁县境。 ③秦、楚嫁子娶妇：秦国嫁女，楚国娶妇。取，同“娶”。 ④黾（miǎn）池：赵国地名，在今河南黾池县西。 ⑤河间：指漳水与黄河之间，在今河北任丘、献县一

带。⑥清河：源自今河南内黄，流经齐、赵二国。⑦博关：关名。在今山东博平西北。⑧即墨：地名。在今山东平度东南。

【译文】

“主张合纵的人结为朋党，都赞同实行合纵政策。我听说，齐与鲁三次交战，鲁国三战三胜，可是随后鲁国却衰微了，最后竟因此而亡国。鲁国虽然有战胜的名头，实际上却亡国了，这是什么原因呢？因为齐国大而鲁国小。现在的赵国和秦国，就像是齐国和鲁国。秦、赵在黄河、漳水之上交战，赵国两战两胜；两国又在番吾城下交战，又是赵国两次打败了秦军。但四次战争以后，赵国损失士兵几十万，仅仅剩下邯郸。赵国虽然有战胜秦国的虚名，可是也因此而衰弱，这是什么原因呢？因为秦国强大而赵国弱小啊。现在秦、楚结为姻亲，两国成为兄弟之邦。韩国向秦国进献了宜阳，魏国向秦国进献了河外，赵国到黾池朝见秦王，割让河间地区侍奉秦国。假如大王不侍奉秦国，秦国将驱使韩、魏攻打齐国南部，命赵国的兵力全部渡过清河，直指博关，到那时临淄、即墨就不会是大王所有了。一旦齐国遭到进攻，即使齐王再想侍奉秦国也不行了。因此希望大王仔细考虑一下此事！”

【原文】

齐王曰：“齐僻陋隐居，托于东海之上，未尝闻社稷之长利。今大客幸而教之，请奉社稷以事秦。”献鱼盐之地三百里于秦也。

【译文】

齐宣王说：“齐国位于偏远地区，而且东临大海，没有听说过对社稷有长远好处的论说。现在幸而有贵客来指教，请允许我以国家社稷侍奉秦国。”于是献出产鱼盐的土地三百里给秦国。

张仪事秦惠王

【原文】

张仪事秦惠王[①]。惠王死，武王[②]立。左右恶张仪，曰：“仪事先王不忠。”言未已，齐让又至。张仪闻之，谓武王曰：“仪有愚计，愿效之王。”王曰：“奈何？”曰：“为社稷计者，东方有大变，然后王可以多割地。今齐王甚憎仪，仪之所在，必举兵而伐之，故仪愿乞不肖身而之梁，齐必举兵而伐之。齐、梁之兵连于城下，不能相去，王以其间伐韩，入三川，出兵函谷[③]而无伐，以临周，祭器必出。挟天子，案图籍[④]，此王业也！”王曰：“善。”乃具革车三十乘，纳之梁，齐果举兵伐之。

【注释】

①秦惠王：秦孝公之子。②武王：惠王之子，名荡。③函谷：函谷关。在今河南灵宝东北。④案图籍：掌握地图和户口财务登记的表册。

【译文】

张仪侍奉秦惠王。惠王死后，武王即位。武王的近臣厌恶张仪，对武王说：“张仪侍奉先王不忠。”近臣的话还没有说完，齐国对张仪的谴责就到了。张仪听说了这些事后，对武王说：“我有一条愚钝的计策，愿意进献给大王。”武王说：“是什么？”（张仪）说：“为国家社稷考虑，如果崤山以东的各国发生大变乱，大王就能得到更多的土地。如今齐王十分憎恨我，我所在的地方，他一定会发兵攻打。所以，我请求以不肖之身前往魏国，如此一来，齐国一定会发兵攻打魏国。当齐、魏两国的兵马在大梁城下混战时，大王可以乘机攻打韩国，进入三川之地，向函谷关进兵，直逼西周地界，索取天子的祭器，然后挟持天子，掌握地图和户籍，成就帝王之业！”武王说：“好。”于是准备了三十辆兵车，把张仪送到了魏国。齐国果然出兵进攻魏国。

【原文】

梁王[①]大恐。张仪曰：“王勿患，请令罢齐兵。”乃使其舍人冯喜之楚，藉使之齐。齐、楚之事已毕，因谓齐王：“王甚憎张仪，虽然厚矣王之托仪于秦王也。”齐王曰：“寡人甚憎张仪，仪之所在，必举兵伐之，何以托仪也？”对曰：“是乃王之托仪也。仪之出秦，固与秦王约曰：‘为王计者，东方有大变，然后王可以多割地。齐王甚憎仪，仪之所在，必举兵伐之。故仪愿乞不肖身而之梁，齐必举兵伐梁。梁、齐之兵连于城下不能去，王以其间伐韩，入三川，出兵函谷而无伐，以临周，祭器必出，挟天子，案图籍，是王业也。’秦王以为然，与革车三十乘而内仪于梁。而果伐之，是王内自罢而伐与国，广邻敌以自孤，而信仪于秦王也。

此臣之所谓托仪也。”王曰：“善。”乃止。

【注释】

①梁王：魏襄王。

【译文】

魏王十分害怕。张仪说：“大王不要担心，请允许我去说服齐国退兵。”于是让他的门客冯喜到楚国去，然后以楚国使者的身份前往齐国。冯喜处理完齐、楚之间的事务后，对齐王说：“我听说大王十分憎恨张仪，可是令我奇怪的是，大王为何如此抬举张仪，以至于令他得到秦王的宠信呢？”齐王说：“寡人非常憎恨张仪，张仪在的地方，寡人必定攻打，你凭什么说寡人抬举张仪？”冯喜回答说：“这就是大王抬举张仪之处。张仪离开秦国时曾与武王秘密约定：‘为国家社稷考虑，如果崤山以东的国家发生重大事变，大王就可以得到更多的土地。齐王十分痛恨我，我在的地方，齐王必定会引兵攻打。因此我愿意前往魏国，到时齐王一定会起兵攻打魏国。当魏、齐的军队在大梁城下混战而不能分离时，大王可乘着这间隙攻韩，进入三川之地，发兵函谷关，直逼西周，取得天子的祭器，而后挟持天子，掌握地图和户籍，成就称王的大业。’秦王觉得很好，于是给了张仪三十辆兵车，送他到了魏国。大王果然引兵伐魏，在国内使民众疲敝，在国外攻打盟国、增加邻近的敌人，使自己陷入孤立无援之地，而且让张仪得到秦王的宠信。这就是我所说的抬举张仪。”齐王说：“好。”于是停止进攻魏国。

昭阳为楚伐魏

【原文】

昭阳为楚伐魏[①]，覆军杀将得八城，移兵而攻齐。陈轸为齐王使，见昭阳，再拜贺战胜，起而问：“楚之法，覆军杀将，其官爵何也？”昭阳曰：“官为上柱国，爵为上执圭[②]。”陈轸曰：“异贵于此者何也？”曰：“唯令尹[③]耳。”陈轸曰：“令尹贵矣！王非置两令尹也，臣窃为公譬可也。楚有祠者，赐其舍人卮酒。舍人[④]相谓曰：‘数人饮之不足，一人饮之有余。请画地为蛇，先成者饮酒。’一人蛇先成，引酒且饮之，乃左手持卮，右手画蛇，曰：‘吾能为之足。’未成，一人之蛇成，夺其卮曰：‘蛇固无足，子安能为之足？’遂饮其酒。为蛇足者，终亡其酒。今君相楚而攻魏，破军杀将得八城，不弱兵，欲攻齐，齐畏公甚。公以是为名亦足矣，官之上非可重也。战无不胜而不知止者，身且死，爵且后归，犹为蛇足也！”昭阳以为然，解军而去。

【注释】

①昭阳为楚伐魏：这次战役发生在公元前323年。②上执圭：楚国最高爵位。③令尹：楚国最高官职，是军政首脑，相当于相。④舍人：左右侍从人员。

【译文】

昭阳率军讨伐魏国，击溃魏军，杀掉魏将，夺得了八座城池，接着又移师去攻打齐国。陈轸作为齐国使臣去见昭阳，他拜了两拜之后祝贺楚军的胜利，然后起身问昭阳：“根据楚国的法令，击溃敌军，杀掉敌将，能得到什么官爵禄位？”昭阳说：“官可以做到上柱国，爵位可为上执圭。”陈轸问：“比这更尊贵的官爵还有什么？”昭阳答道：“那只有令尹了。”陈轸就说：“令尹是最尊贵的官职，但楚王不会设置两个令尹！让我为将军打个比方。楚国有个贵族举行祭祀，把一壶酒赐给随从。这些人商议道：‘这点酒不够几人喝，一个人喝又有剩余。让我们在地上画蛇，谁先画成谁喝这酒。’有个人率先画好，取过酒杯准备喝，他左手拿着酒杯，右手仍在画着，并说：‘我还能为蛇添上脚呢。’蛇脚尚未画完，另一个人的蛇也画好了，夺过他手中的酒杯，说：‘蛇本没有脚，你怎能给它添上脚呢？’便喝掉了那酒。那个为蛇画脚的人最终没有喝到酒。如今您辅佐楚王攻打魏国，击溃魏军，杀掉魏将，夺取了八座城池，兵力又没什么损耗，您又想发兵去攻打齐国，齐国十分震恐。您想以此成名已经足够了，而您却没有什么官职可以再加封的了。如果战无不胜，却不知道适可而止，恐怕会丧失性命，该得的官爵将不为您所有，这就像画蛇添足一样！”昭阳认为他的话非常有道理，就领兵回国了。

秦攻赵长平

【原文】

秦攻赵长平[①]，齐、燕救之。秦计曰：“齐、燕救赵，亲，则将退兵；不亲，则且遂攻之。”赵无以食，请粟于齐而齐不听。周子[②]谓齐王曰：“不如听之以却秦兵，不听则秦兵不却，是秦之计中而齐、燕之计过矣。且赵之于燕、齐，隐[③]蔽也，齿之有唇也，唇亡则齿寒。今日亡赵，则明日及齐、楚矣。且夫救赵之务，宜若奉[④]漏瓮，沃焦釜。夫救赵，高义也；却秦兵，显名也。义救亡赵，威却强秦之兵，不务为此而务爱粟，则为国计者过矣。”

【注释】

①长平：在今山西高平西北。②周子：齐国谋士。③隐：通“荫”，庇护。④奉：通“捧”，用手捧。

【译文】

秦国进攻赵国的长平，齐国和燕国出兵援救赵国。秦王盘算道：“齐、燕出兵救赵，如果他们团结合作，我们就退兵；假如他们不能团结一致，我们就继续进攻。”赵国军粮将尽，派人向齐国借粮，但是齐王不肯借。谋士周子对齐王说：“大王不如把粮食暂时借给赵国，助赵国击退秦兵，如果您不答应，秦兵就无法打退，这样就正中了秦国的计策，齐、燕两国就失策了。而且赵国对于燕、齐，就是御秦的屏障，就像牙齿受嘴唇保护一样，如果没了嘴唇，牙齿就会感到寒冷。今天如果赵国灭亡，那么明天就会轮到齐国和燕国身上了。所以救援赵国就好比捧着漏水的瓮，又像浇灭烧干的锅一样，十分急迫。援救赵国是一种高尚的义举；使秦兵撤退，又彰显威武的名声。既有救赵的义举，又树立起退秦的名声，不去致力于显示正义，张扬威名，却只知吝惜粮食，这是对国家利益的长远打算有误啊。”

楚王死

【原文】

楚王[①]死，太子在齐质。苏秦谓薛公曰：“君何不留楚太子以市其下东国[②]？”薛公曰：“不可。我留太子，郢中立王，然则是我抱空质而行不义于天下也。”苏秦曰：“不然。郢中立王，君因谓其新王曰：‘与我下东国，吾为王杀太子。不然，吾将与三国共立之。’然则下东国必可得也。”

【注释】

①楚王：楚怀王，熊槐。②下东国：楚淮北靠近齐国之地。

【译文】

楚怀王死时，太子横仍在齐国充当人质。苏秦对薛公田文说："您为何不扣留楚太子以命楚国割让淮北的土地呢？"田文说："不能这样。假若我扣留楚太子，而楚国另立新王，我就不仅扣留了一个无用的人质，而且得到不义的骂名。"苏秦说："事情并非如此。如果楚国另立新王，您就可以用太子来要挟新王：'如果楚能割淮北之地于齐，我就替大王杀掉太子。否则我将联合秦、韩、魏三国共立太子为王。'那么淮北之地一定能到手。"

【原文】

苏秦之事，可以请行，可以令楚王亟入下东国，可以益割于楚，可以忠太子而使楚益入地，可以为楚王走太子，可以忠太子使之亟去，可以恶苏秦于薛公，可以为苏秦请封于楚，可以使人说薛公以善苏子，可以使苏子自解于薛公。

【译文】

苏秦的事，可以请求出使楚国，可以迫使楚王快速地割让淮北之地给齐国，可以让楚国多割让土地，可以假装忠于楚太子而迫使楚国增加割地的数目，可以为楚王赶走太子，可以假装忠于太子而让他尽快离开齐国，可以借此事在田文那里诋毁苏秦，可以令人说动田文让他善待苏秦，可以让苏秦在田文面前为自己开脱。

【原文】

苏秦谓薛公曰："臣闻谋泄者事无功，计不决者名不成。今君留太子者，以市下东国也。非亟得下东国者，则楚之计变，变则是君抱空质而负名于天下也。"薛公曰："善。为之奈何？"对曰："臣请为君之楚，使亟入下东国之地。楚得成，则君无败矣。"薛公曰："善。"因遣之。故曰可以请行也。

【译文】

苏秦对薛公说："我听说，'计谋泄露的话就不会成功，遇事不果断就难以成名'。如今您扣留太子，是为了得到淮北的土地。如果您不尽快得到淮北，恐怕楚国会改变计划，一旦如此，您便会处于空守无用的人质而身负不义恶名的尴尬境地。”薛公说：“对。但是我该怎么办呢？”苏秦回答说：“我愿意为您出使楚国，游说它尽快割让淮北的土地。一旦得到土地，您便立于不败之地了。”薛公说：“好。”于是派苏秦到楚国完成使命。因此说苏秦可以请求出使楚国。

【原文】

谓楚王曰：“齐欲奉太子而立之。臣观薛公之留太子者，以市下东国也。今王不亟入下东国，则太子且倍王之割而使齐奉己。”楚王曰：“谨受命。”因献下东国。故曰可以使楚亟入地也。

【译文】

苏秦对新立的楚王说：“齐人准备拥立太子为楚王。我看薛公扣下太子是为了来交换淮北的土地。现今大王如果不尽快把淮北之地献给齐国，太子便会答应用加倍的土地换取齐人对自己的支持。”新立的楚王答道：“我恭敬地接受您的教诲。”于是献出淮北之地。因此说可以迫使楚王很快割让淮北之地给齐国。

【原文】

谓薛公曰：“楚之势，可多割也。”薛公曰：“奈何？”“请告太子其故，使太子谒之君，以忠太子；使楚王闻之，可以益入地。”故曰可以益割于楚。

【译文】

苏秦对薛公说：“看楚国的形势，还可以多割些土地。”薛公问：“有什么办法？”苏秦说：“请让我把内情告诉太子，让太子正式向您提出加倍割地的请求；再让楚国新王听到这一事实，就可以多割取些土地。”因此说可以假装忠于楚太子而迫使楚国增加割地的数目。

【原文】

谓太子曰：“齐奉太子而立之，楚王请割地以留太子，齐少其地。太子何不倍楚之割地而资齐，齐必奉太子。”太子曰：“善。”倍楚之割而延齐。楚王闻之恐，益割地而献之，尚恐事不成。故曰可以使楚益入地也。

【译文】

苏秦前去拜见太子，对他说："齐国拥立太子为楚王，可是新立的楚王却以割让土地来使齐国扣留太子。齐国认为得到的土地太少，太子为何不答应割让比楚国新王多一倍的土地给齐国呢？（若能如此）齐人一定会支持您。"太子说："好。"就把比楚王割让的多一倍的土地许诺给齐国。楚王听到这个消息，十分惊慌，便割让更多的土地，即使这样还是害怕事情不能成功。因此说苏秦的计策可以使楚王割更多的土地。

【原文】

谓楚王曰："齐之所以敢多割地者，挟太子也。今已得地而求不止者，以太子权王也，故臣能去太子。太子去，齐无辞，必不倍于王也。王因驰强齐而为交，齐必听王。然则是王去雠而得齐交也。"楚王大悦，曰："请以国因。"故曰可以为楚王使太子亟去也。

【译文】

苏秦对楚国新王说："齐人之所以敢多割取楚地，是因为他们以扣留太子为要挟。现在齐国虽已得到土地，但是仍然纠缠不休，这就是因为太子还被扣留在齐国，能和大王势均力敌。臣能设法赶走太子。太子一走，齐国就没有什么借口了，这样，他就不会违背大王了。大王趁机与强大的齐国交好，齐人一定会接受大王的要求。这样一来，大王既消灭了仇敌，又结交到了强大的齐国。"楚王听了十分高兴，说："寡人就把楚国托付给您了。"所以说苏秦的计策可以替楚王早点赶走太子。

【原文】

谓太子曰："夫剬[①]楚者王也，以空名市者太子也，齐未必信太子之言也，而楚功见矣。楚交成，太子必危矣。太子其图之。"太子曰："谨受命。"乃约车而暮去。故曰可以使太子急去也。

【注释】

①剬（zhì）：同"制"，控制。

【译文】

苏秦对太子说："现在控制楚国的人是楚王，用空话做交易的是太子您啊，齐人未必会相信太子的诺言，这就显示出楚王确实有献地的诚意。一旦齐、楚建立邦交，太子的处境就十分危险了，请太子早点想出对策。"

太子说："遵从您的教诲。"于是准备好车辆，连夜逃走。因此可以说苏秦的计策能尽早打发太子离开齐国。

【原文】

苏秦使人谓薛公曰："夫劝留太子者苏秦也。苏秦非诚以为君也，且以便楚也。苏秦恐君之知之，故多割楚以灭迹也。今劝太子者又苏秦也，而君弗知，臣窃为君疑之。"薛公大怒于苏秦。故曰可使人恶苏秦于薛公也。

【译文】

苏秦派人告诉薛公说："劝您扣留太子的人是苏秦。苏秦并非真正替您打算，他其实是为楚国的利益着想。苏秦唯恐您识破这事，便通过多割取楚地的做法来掩饰实际帮助楚国的形迹。这次劝太子离开齐国的也是苏秦，可是您并不知道，我私下里替您怀疑他的用心。"因此可以说苏秦的计策能使人到孟尝君那里诋毁自己。

【原文】

又使人谓楚王曰："夫使薛公留太子者苏秦也，奉王而代立楚太子者又苏秦也，割地固约者又苏秦也，忠王而走太子者又苏秦也。今人恶苏秦于薛公，以其为齐薄而为楚厚也。愿王之知之。"楚王曰："谨受命。"因封苏秦为武贞君。故曰可以为苏秦请封于楚也。

【译文】

苏秦又派人到新楚王那里说："让薛公扣留太子的是苏秦，尊奉大王取代太子立为楚王的也是苏秦，割地给齐国来巩固协议的是苏秦，忠于大王而赶走太子的还是苏秦。现在有人在薛公那里说苏秦的坏话，说他是因为对齐国薄情，而对楚国有厚意。希望大王能够了解到这一点。"楚王说："遵从您的教诲。"于是封苏秦为武贞君。因此，可以说苏秦的计策能为自己赢得楚国的封赏。

【原文】

又使景鲤谓薛公曰："君之所以重于天下者，以能得天下之士而有齐权也。今苏秦天下之辩士也，世与少有。君因不善苏秦，则是围塞天下士而不利说途也。夫不善君者且奉苏秦，而于君之事殆矣！今苏秦善于楚王，而君不蚤亲，则是身与楚为雠也。故君不如因而亲之，贵而重之，是君有楚也。”薛公因善苏秦。故曰可以为苏秦说薛公以善苏秦。

【译文】

苏秦又让景鲤告诉田文说：“您之所以能被天下人重视，是因为您能结交天下有才能的人，并且在齐国掌握实权。现在苏秦是天底下最能言善辩的人，当世少有。您如果不好好对待苏秦，就会堵塞天下人士游说晋升的道路。如果您的政敌支持苏秦，您的处境就十分危险了！现在苏秦与楚王的交情很好，假如您不及早结交苏秦，就很容易与楚国结仇。因此您不如顺势和苏秦亲近，让他富贵荣达，您便会得到楚国的支持。”于是田文对苏秦很好。因此可以说苏秦的计策能够让田文善待自己。

齐王夫人死

【原文】

齐王夫人死，有七孺子皆近。薛公欲知王所欲立，乃献七珥[①]，美其一。明日视美珥所在，劝王立为夫人。

【注释】

①珥（ěr）：串有珠玉的耳饰。

【译文】

齐王的夫人死了，有七个妃嫔都是齐王所宠爱的。田文想要知道齐王会立哪一位为夫人，于是便进献七副耳饰，其中只有一副最漂亮。第二天他看是谁戴着那副最漂亮的耳饰，就劝齐王立她做夫人。

孟尝君将入秦

【原文】

孟尝君将入秦，止者千数而弗听。苏秦欲止之，孟尝曰：“人事者，吾已尽知之矣；吾所未闻者，独鬼事耳。”苏秦曰：“臣之来也，固不敢言人事也，固且以鬼事见君。”

【译文】

孟尝君准备到秦国去，很多人都来劝阻他，但他都不肯听从。苏秦想要劝阻他，孟尝君说：“与人有关的事情，我全都知道了；我所不知道的，只有鬼怪之事而已。”苏秦说：“臣这次来原本就不敢谈与人有关的事情，而是来和你讨论鬼神之事的。”

【原文】

孟尝君见之。谓孟尝君曰：“今者臣来，过于淄[①]上，有土偶人与桃梗[②]相与语。桃梗谓土偶人曰：‘子，西岸之土也，埏[③]子以为人，至岁八月[④]，降雨[⑤]下，淄水至，则汝残矣。’土偶曰：‘不然。吾西岸之土也，吾残则复西岸耳。今子，东国之桃梗也，刻削子以为人，降雨下，淄水至，流子而去，则子漂漂者将何如耳。’今秦，四塞之国[⑥]，譬若虎口，而君入之，则臣不知君所出矣。”孟尝君乃止。

【注释】

①淄：水名，淄水。 ②土偶人：用泥土做成的人形。桃梗：用桃木刻成的人偶。 ③埏（shān）：将水和土和在一起。 ④八月：这里指周历八月，相当于夏历六月，正值雨季。 ⑤降雨：降，通“洚（jiàng）”，大雨。 ⑥四塞之国：周围有高山和要塞的国家。

【译文】

孟尝君接见了苏秦。苏秦对孟尝君说：“这次臣来齐国，途经淄水，在那儿听见了土人偶和桃木人偶的谈话。桃木人偶对土人偶说：‘你是西岸之土，被捏成人形，一旦到了八月，天降大雨，淄水暴涨，你必定会被大水冲毁。’土人偶说：‘不是这样的。我原本是西岸的泥土，即使被大水冲坏，也仍然是西岸的泥土。至于你，你原本是东方的桃木，被人雕刻成了人形，如果天降大雨，淄水暴涨，就会把你冲走，那时你四处漂流，还不知道会漂到哪儿去呢。’如今秦国是一个四面都是要塞的国家，就像是老虎口，你要是进去了，臣不知道您还能否平安出来。”孟尝君听了之后，就取消了他的行程。

孟尝君舍人有与君之夫人相爱者

【原文】

孟尝君舍人有与君之夫人相爱者。或以问孟尝君曰：“为君舍人而内与夫人相爱，亦甚不义矣，君其杀之。”君曰：“睹貌而相悦者，人之情也，其错之勿言也。”

【译文】

孟尝君的一个门客和他的夫人有私情。有人告诉孟尝君说："此人作为您的门客，竟然在家中和您的夫人产生私情，这太不符合道义了，您应该杀掉他。"孟尝君说："看见美貌的人而心生爱慕，这是人的常情，这件事就不要再说了。"

【原文】

居期年，君召爱夫人者而谓之曰："子与文交游久矣，大官未可得，小官公又弗欲。卫君[①]与文布衣交，请具车马皮币[②]，愿君以此从卫君游。"舍人游于卫甚重。

【注释】

①卫君：卫嗣君。 ②皮币：皮毛和丝织物，在古代是贵重物品，主要用于送礼。

【译文】

大概过了一年，孟尝君召见那个与夫人有私情的门客，对他说："您和我结交的时间很久了，不能做大官，小官您又不愿意做。卫君在没有即位时就和我交好，田文愿替先生准备车马、皮裘、缯帛等见面礼，希望您能和卫君结交。"这个门客后来果然很受卫君重视。

【原文】

齐、卫之交恶，卫君甚欲约天下之兵以攻齐。是人谓卫君曰："孟尝君不知臣不肖，以臣欺君。且臣闻齐、卫先君刑马压羊[①]，盟曰：'齐、卫后世无相攻伐，有相攻伐者，令其命如此。'今君约天下之兵以攻齐，是足下倍先君盟约而欺孟尝君也。愿君勿以齐为心。君听臣则可；不听臣，若臣不肖也，臣辄以颈血湔足下衿。"卫君乃止。齐人闻之曰："孟尝君可谓善为事矣，转祸为功。"

【注释】

①刑、压：都是宰杀的意思。

【译文】

后来齐国和卫国的关系恶化，卫嗣君很想联合诸侯军队攻打齐国。这个门客就对卫嗣君说："孟尝君不知道臣其实没有才能，把臣推荐给您。况且臣曾听闻齐、卫两国的先君杀马宰羊，结下盟约说：'齐、卫的子孙以后不能相互攻打，如果有出兵攻打对方的，让他们的下场就像今天的马、羊一样。’如今大王联合诸侯，准备去进攻齐国，正是违背先君的盟约，也欺骗了孟尝君。臣希望您不要一心想着攻打齐国。大王听从臣的劝告也就罢了，如果不听的话，我没什么能力，就把颈项的血溅在您的衣襟之上。”于是卫嗣君打消了攻打齐国的念头。齐人听到这件事以后都说道：“孟尝君真是善于处理事情的人啊，能够把祸患转变为功劳。”

孟尝君出行国

【原文】

孟尝君出行国，至楚，献象床。郢之登徒直使①送之，不欲行，见孟尝君门人公孙戍曰：“臣，郢之登徒也，直送象床。象床之直千金，伤此若发漂②，卖妻子不足偿之。足下能使仆无行，先人有宝剑，愿得献之。”公孙曰：“诺。”

【注释】

①登徒：复姓，其人名已散佚。直使：当值的使者。直，通“值”。 ②发漂：细微。

【译文】

孟尝君到各诸侯国巡视，到达楚国，楚国送给他一张象牙床。郢都一个姓登徒的人正好当班，应该负责护送象牙床，可是他不想去，于是去见孟尝君的门客公孙戍说：“我是郢人登徒，轮到我护送象牙床，可是那床价值千金，万一有细微的破损，即使卖掉妻子儿女也不够偿还。先生如果能帮我推掉这份差事，我愿意把祖先的宝剑献给您。”公孙戍说：“好。”

【原文】

入见孟尝君曰：“君岂受楚象床哉？”孟尝君曰：“然。”公孙戍曰：“臣愿君勿受。”孟尝君曰：“何哉？”公孙戍曰：“小国所以皆致相印于君者，闻君于齐能振达贫穷，有存亡继绝之义。小国英桀之主，皆以国事累君，诚说君之义，慕君之廉也。今君到楚而受象床，所未至之国，将何以待君？臣戍愿君勿受。”孟尝君曰：“诺。”

【译文】

公孙戌拜见孟尝君，说："您接受楚人馈赠的象牙床了吗？"孟尝君说："是。"公孙戌说："我希望您不要接受。"孟尝君说："为什么？"公孙戌说："小国之所以都将相印托付给您保管，是因为他们听说您在齐国能赈济孤贫，有存亡继绝的仁义之举。小国英明的君主，都将国事托付给您，是因为他们欣赏您的仁义，爱慕您的廉洁啊。您若在楚国接受了象牙床，那么其他小国将用什么招待您呢？所以我希望您不要接受。"孟尝君说："好。"

【原文】

公孙戌趋而去，未出至中闺[①]，君召而返之，曰："子教文无受象床，甚善。今何举足之高，志之扬也？"公孙戌曰："臣有大喜三，重之宝剑一。"孟尝君曰："何谓也？"公孙戌曰："门下百数，莫敢入谏，臣独入谏，臣一喜；谏而得听，臣二喜；谏而止君之过，臣三喜。输象床，郢之登徒不欲行，许戌以先人之宝剑。"孟尝君曰："善。受之乎？"公孙戌曰："未敢。"曰："急受之。"因书门版曰："有能扬文之名，止文之过，私得宝于外者，疾入谏。"

【注释】

①闺：宫中的小门，上圆下方。

【译文】

公孙戌小步快走地离开了，还没出门，孟尝君就把他召了回来，说："先生叫田文勿受象牙床，这很好。可是，您为什么脚抬得这么高，一副意气风发的样子呢？"公孙戌说："我有三大喜事，外加得到一柄宝剑。"孟尝君不解道："这是什么意思？"公孙戌说："您门下食客数百人，没有人敢来劝谏，只有我一个人入内劝谏，这是一喜；我的劝谏您听从了，这是二喜；能阻止您的过错，这是三喜。郢人登徒不愿意运送象牙床，让我帮他推掉这份差事，许诺（事成之后）把他家祖传的宝剑给我。"孟尝君说："很好。那你接受宝剑了吗？"公孙戌说："我不敢接受馈赠。"孟尝君说："赶快收下！"于是孟尝君在门扇上写道："有能传扬田文的名声，而阻止田文的过错，私下在外获得宝物的人，快来进谏！"

齐欲伐魏

【原文】

齐欲伐魏。淳于髡谓齐王[①]曰："韩子卢者，天下之疾犬也。东郭逡者，海内之狡兔也。韩子卢逐东郭逡，环山者三，腾山者五，兔极于前，犬废于后，犬兔俱罢，各死其处。田父见之，无劳倦之苦，而擅其功。今齐、魏久相持，以顿其兵，弊其众，臣恐强秦、大楚承其后，有田父之功。"齐王惧，谢将休士也。

【注释】

①齐王：齐威王。

【译文】

齐国想攻打魏国。淳于髡对齐王说："韩子卢是天下跑得极快的狗，东郭逡则是世上十分狡猾的兔子。韩子卢追逐东郭逡，绕着山追了三圈，翻了五次山，兔子在前面尽力地跑，狗在后面拼命地追，狗和兔子都很疲倦，最后都累死在地。有个农夫看见了它们，他没有经过任何劳动的痛苦，却得了好处。现在齐、魏两国相持不下，致使双方的士兵都很劳累，百姓也很疲惫，我担心秦、楚两个强敌会紧随其后，得到上面所说的农夫之利。"齐王害怕了，下令休养将士，不再出兵。

齐人有冯谖者

【原文】

齐人有冯谖[①]者，贫乏不能自存，使人属[②]孟尝君，愿寄食门下。孟尝君曰："客何好？"曰："客无好也。"曰："客何能？"曰："客无能也。"孟尝君笑而受之曰："诺。"左右以君贱之也，食以草具。

【注释】

①冯谖（xuān）：齐国人，是一位眼光深远的战略家。②属（zhǔ）：嘱托。

【译文】

齐国有个名叫冯谖的人，他家境贫寒，不能养活自己，于是让人嘱托孟尝君，说他想在孟尝君门下做食客。孟尝君问："先生爱好什么？"冯谖说："我没有爱好。"孟尝君又问："先生有什么本领？"他说："我没有本领。"孟尝君笑了笑，并且接纳了他："好的。"孟尝君身边的人认为主人轻视冯谖，就拿粗茶淡饭给他吃。

【原文】

居有顷，倚柱弹其剑，歌曰："长铗[①]归来乎！食无鱼。"左右以告。孟尝君曰："食之，比门下之客。"居有顷，复弹其铗，歌曰："长铗归来乎！出无车。"左右皆笑之，以告。孟尝君曰："为之驾，比门下之车客。"于是乘其车，揭其剑，过其友曰："孟尝君客我。"后有顷，复弹其剑铗，歌曰："长铗归来乎！无以为家。"左右皆恶之，以为贪而不知足。孟尝君问："冯公有亲乎？"对曰："有老母。"孟尝君使人给其食用，无使乏。于是冯谖不复歌。

【注释】

①铗（jiá）：剑柄。

【译文】

（在孟尝君府上）住了一段时间，冯谖就背靠柱子，弹击剑柄，歌唱起来："长剑呀，我们还是回去吧，因为没有鱼吃。"孟尝君的近侍把这件事告诉了孟尝君。孟尝君说："按照一般门客的标准给他食物。"住了不久，冯谖又弹起他的剑，唱道："长剑呀，我们还是回去吧，因为出门没有车坐。"孟尝君的近侍都笑这件事，告诉了孟尝君这件事。孟尝君说："以门下有车的食客的标准给他配车。"于是冯谖驾着车，举着剑，拜访他的朋友说："孟尝君让我做他的门客。"这样过了一段时间，冯谖又弹着剑鞘，唱道："长剑呀，咱们还是回去吧，因为没有安身之所。"近侍们都开始厌恶他，认为他贪得无厌。孟尝君问道："冯先生有父母吗？"冯谖回答道："有个老母亲。"孟尝君让人为他母亲提供食物和生活用品，不让他母亲缺衣少食，于是冯谖从此不再唱歌。

【原文】

后孟尝君出记[①]，问门下诸客："谁习计会，能为文收责[②]于薛者乎？"冯谖署曰："能。"孟尝君怪之，曰："此谁也？"左右曰："乃歌夫'长铗归来'者也。"孟尝君笑曰："客果有能也，吾负之，未尝见也。"请而见之，谢曰："文倦于事，愦于忧，而性愞[3]愚，沉于国家之事，开罪于先生。先生不羞，乃有意欲为收责于薛乎？”冯谖曰：“愿之。”于是约车治装，载券契而行，辞曰：“责毕收，以何市而反？”孟尝君曰：“视吾家所寡有者。”

【注释】

①记：告示。②责：通“债”。③愞（nuò）：古同“懦”，懦弱。

【译文】

后来，孟尝君出了一则告示，问门下的众多食客：“请问哪一位通晓会计，能替我到薛地收债呢？”冯谖签上名字，说：“我能。”孟尝君看了很诧异，说：“他是谁呀？”侍从说：“就是那个唱‘长剑呀，我们还是回去吧’的人。”孟尝君笑道：“他果然有才能，我辜负了他，还未跟他见过面呢。”于是请他来相见，并向他谢罪：“田文每日为琐事所累，被忧愁弄得头昏脑涨，而且生性懦弱愚笨，耽溺于政务，以致得罪了先生。先生不但不责怪我，还愿意替我到薛地收债，是吗？”冯谖说：“是的。”于是孟尝君替他备好行装，他就载着债券出发了。与孟尝君告别时，冯谖问：“收完债后，买什么东西回来？”孟尝君说：“买点我家缺少的东西吧。”

【原文】

驱而之薛，使吏召诸民当偿者悉来合券。券遍合，起矫命，以责赐诸民，因烧其券，民称万岁。

【译文】

冯谖坐着马车到了薛地，让官吏把该还债的百姓都叫来，一一核对债券。核对完债券之后，冯谖站起来，改变了孟尝君的命令，将债款赏给了这些百姓，并烧掉了那些债券，令百姓感激涕零。

【原文】

长驱到齐，晨而求见。孟尝君怪其疾也，衣冠而见之，曰：“责毕收乎？来何疾也！”曰：“收毕矣。”“以何市而反？”冯谖曰：“君云‘视吾家所寡有者’，臣窃计，君宫中积珍宝，狗马实外厩，美人充下陈[1]。君家所寡有者，以义耳！窃以为君市义。”孟尝君曰：“市义奈何？”曰：“今君有区区之薛，不拊[2]爱子其民，因而贾利之。臣窃矫君命，以责赐诸民，因烧其券，民称万岁。乃臣所以为君市义也。”孟尝君不说，曰：“诺。先生休矣！”

【注释】

①下陈：厅堂之下的庭院。 ②拊：通“抚”，安抚。

【译文】

冯谖又马不停蹄地返回齐国都城临淄，大清早就去求见孟尝君，孟尝君见他回来得这么快，非常好奇，穿好衣服、戴好帽子接见他，说：“债都收回了吗？为什么回来得这样快？”冯谖答道：“都收完了。”“先生替我买了些什么回来？”冯谖说：“您说‘买点我家所缺少的东西’，我私底下想，您的宫中珍宝无数，犬马满厩，美女成行，所缺少的只有仁义，于是私自为您买了仁义。”孟尝君说：“怎样买仁义？”冯谖说：“现在您封地只有小小的薛地，您不但不好好体恤薛地的子民，反而像商人一样从他们身上榨取利益。我为您考虑，私自改变了您的命令，将债款都赐给老百姓，并焚毁了债券，百姓欢呼万岁，这就是我替您买的仁义呀！”孟尝君心里并不高兴，说：“我知道了，先生去休息吧。”

【原文】

后期年，齐王[①]谓孟尝君曰：“寡人不敢以先王之臣为臣。”孟尝君就国于薛，未至百里，民扶老携幼，迎君道中。孟尝君顾谓冯谖曰：“先生所为文市义者，乃今日见之。”

【注释】

①齐王：齐闵王。

【译文】

一年以后，齐王对孟尝君说：“寡人不敢任用先王的臣子。”孟尝君只好回到自己的封地薛，老百姓扶老携幼，在距离薛地还有一百里的地方迎接孟尝君。孟尝君回头对冯谖说：“先生为我买的‘义’，我今天方才看到。”

【原文】

冯谖曰：“狡兔有三窟，仅得免其死耳。今君有一窟，未得高枕而卧也。请为君复凿二窟。”孟尝君予车五十乘，金五百斤，西游于梁，谓梁王曰：“齐放其大臣孟尝君于诸侯，诸侯先迎之者，富而兵强。”于是，梁王虚上位，以故相为上将军，遣使者，黄金千斤，车百乘，往聘孟尝君。冯谖先驱诫孟尝君曰：“千金，重币也；百乘，显使也。齐其闻之矣。”梁使三反，孟尝君固辞不往也。

【译文】

冯谖说：“狡猾的兔子需要有三处洞穴才能免死。如今您只有一处洞穴，还不能高枕无忧，请允许我替您再开凿两处洞穴。”孟尝君便给他五十辆车，五百斤金，让他向西去游说魏国。冯谖对魏惠王说：“齐国放逐了大臣孟尝君，先迎接孟尝君的诸侯，必定会国富兵强。”于是魏王空出相位，让原来的相国做上将军，派出使者，用千斤黄金、百乘马车聘请孟尝君。冯谖事先赶回薛地，告诫孟尝君说：“千斤黄金是极贵重的财物，百乘马车是极隆重的使节，齐国应该知道这件事了。”魏国使者接连跑了三趟，可是孟尝君都坚决推辞了，没有前往魏国。

【原文】

齐王闻之，君臣恐惧，遣太傅赍①黄金千斤，文车②二驷，服剑③一，封书谢孟尝君曰：“寡人不祥，被于宗庙之祟，沉于谄谀之臣，开罪于君，寡人不足为也。愿君顾先王之宗庙，姑反国统万人乎？”冯谖诫孟尝君曰：“愿请先王之祭器，立宗庙于薛。”庙成，还报孟尝君曰：“三窟已就，君姑高枕为乐矣。”

孟尝君为相数十年，无纤介之祸者，冯谖之计也。

【注释】

①太傅：齐的高官。赍（jī）：赠送。 ②文车：绘有彩色图案的车。 ③服剑：国君佩带的剑。

【译文】

听到这件事，齐国君臣都很恐惧，齐王连忙派遣太傅带着一千斤黄金，两辆有纹饰的车及一把宝剑，去请孟尝君，并写信向孟尝君谢罪说：“都是寡人运气不好，遭受祖宗降下的祸难，听信谄媚之言，得罪了先生。寡人不值得您辅佐，但请先生顾念先王的宗庙，暂且回国执掌政务。”冯谖告诫孟尝君说：“希望您向齐王求取先王的祭器，在薛地立下宗庙。”宗庙建成，冯谖回来报告孟尝君说：“三处洞穴已经建好，殿下可以安心地享乐了。”

孟尝君为相几十年，连细草一样小的祸患也没有遇到，正是得益于冯谖的计谋啊！

先生王斗造门而欲见齐宣王

【原文】

先生王斗[①]造门而欲见齐宣王，宣王使谒者延入。王斗曰：“斗趋见王为好势，王趋见斗为好士，于王何如？”使者复还报。王曰：“先生徐之，寡人请从。”宣王因趋而迎之于门，与入，曰：“寡人奉先君之宗庙，守社稷，闻先生直言正谏不讳。”王斗对曰：“王闻之过。斗生于乱世，事乱君，焉敢直言正谏？”宣王忿然作色，不说。

【注释】

①王斗：齐国人。

【译文】

王斗先生登门，想面见齐宣王。宣王让侍者请他进门。王斗说：“我赶着去见大王是趋炎附势，而大王主动来见我则是礼贤下士，不知大王是怎么想的？”侍者向宣王禀报了这件事。宣王赶紧说：“请先生慢慢走，寡人要亲自去迎接他！”于是齐宣王快步走到宫门口去迎接王斗，和他一起入宫。宣王说：“寡人不才，有幸得以奉守先王的宗庙，守卫社稷，听说先生能直言进谏而不避讳。”王斗对答说：“大王所听说的不对。我生于乱世，又遇到了昏君，怎么敢直言进谏？”宣王听了非常愤怒，脸色不好，很不高兴。

【原文】

有间，王斗曰：“昔先君桓公所好者五，九合诸侯，一匡天下，天子受籍[①]，立为大伯[②]。今王有四焉。”宣王说，曰：“寡人愚陋，守齐国，唯恐失抎[③]之，焉能有四焉？”斗曰：“否。先君好马，王亦好马；先君好狗，王亦好狗；先君好酒，王亦好酒；先君好色，王亦好色；先君好士，而王不好士。”宣王曰：“当今之世无士，寡人何好？”王斗曰：“世无骐驥騄耳，王驷已备矣；世无卢氏之狗，王之走狗已具矣；世无毛嫱、西施，王宫已充矣。王亦不好士也，何患无士？”

【注释】

①籍：通“阼（zuò）”，侯伯之位。 ②大伯：伯，通“霸”。诸侯的领袖。

③抎（yǔn）：失掉。

【译文】

过了一会儿，王斗说："当初，先主桓公有五样爱好，后来他九合诸侯，匡扶周室，周天子赐了封地给他，承认他为诸侯的领袖。现在大王有四种爱好与先主相同。"宣王听了转怒为喜，说："寡人愚笨鄙陋，守护齐国唯恐有误，怎么能有先主的四样爱好呢？"王斗说："不是这样的。先主喜爱马，王也喜爱马；先主喜爱狗，王也喜爱狗；先主喜欢喝酒，王也喜欢喝酒；先君喜欢美女，王也喜欢美女；先主重视人才，王却不重视人才。"宣王说："当今世上没有人才，寡人怎么喜爱他们？"王斗说："当世没有骐骥、騄耳这样的骏马，可是大王的四驷已经齐备了；没有卢氏那样的良犬，可是大王的狗已经具备了；也没有毛嫱、西施那样的美女，可是王宫中的嫔妃也俱已充盈。大王只是不喜欢贤士而已，哪里是因为当今没有贤士呢？"

【原文】

王曰："寡人忧国爱民，故愿得士以治之。"王斗曰："王之忧国爱民，不若王爱尺縠[①]也。"王曰："何谓也？"王斗曰："王使人为冠，不使左右便辟[②]而使工者，何也？为能之也。今王治齐，非左右便辟无使也，臣故曰不如爱尺縠也。"宣王谢曰："寡人有罪国家。"于是举士五人任官，齐国大治。

【注释】

①縠（hú）：用细纱纺织而成的丝织物。②便（pián）辟：以阿谀奉承博得君主宠信的近臣。

【译文】

宣王说："寡人忧国忧民，所以愿意有贤士辅助我治理齐国。"王斗说："大王忧国忧民，比不上爱惜一尺绉纱。"宣王问道："这说的是什么呢？"王斗说："大王让人做帽子，不用身边的侍臣而请能工巧匠，为什么呢？是因为他们有才能。可是现在大王治理齐国，却只任用近侍，所以我说大王爱国家社稷不如爱一尺绉纱。"宣王谢罪道："寡人对国家有罪。"于是选拔了五位贤士，让他们在朝中任职，齐国因而大治。

齐王使使者问赵威后

【原文】

齐王使使者问赵威后[①]，书未发，威后问使者曰："岁亦无恙耶？民亦无恙耶？王亦无恙耶？"使者不说，曰："臣奉使使威后，今不问王而先问岁与民，岂先贱而后尊贵者乎？"威后曰："不然。苟无岁，何以有民？苟无民，何以有君？故有舍本而问末者耶？"

【注释】

①齐王：齐襄王，姓田，名法章。赵威后：赵惠文王之妻。

【译文】

齐襄王派使者问候赵威后，赵威后还没有打开书信，就问使者："今年齐国的收成还好吧？百姓安乐吗？你们大王身体还健康吧？"使者有点不高兴，说："臣奉大王的命令向太后问好，您不先问我们大王的状况，却先打听收成和百姓的状况，岂不是置百姓于先，置大王于后吗？"赵威后回答说："不是这样的。如果收成不好，百姓怎么生存呢？如果没有百姓，大王又怎能做君王呢？岂有舍本逐末的道理？"

【原文】

乃进而问之曰："齐有处士曰钟离子，无恙耶？是其为人也，有粮者亦食，无粮者亦食；有衣者亦衣[①]，无衣者亦衣。是助王养其民者也，何以至今不业也？叶阳子无恙乎？是其为人，哀鳏[②]寡，恤孤独[③]，振困穷，补不足，是助王息其民者也，何以至今不业也？北宫之女婴儿子无恙耶？彻[④]其环瑱，至老不嫁，以养父母，是皆率民而出于孝情者也，胡为至今不朝也？此二士弗业，一女不朝，何以王齐国，子万民乎？於陵子仲尚存乎？是其为人也，上不臣于王，下不治其家，中不索交诸侯。此率民而出于无用者，何为至今不杀乎？"

【注释】

①有衣者亦衣：前一个"衣"为名词衣服，后一个"衣"为动词拿衣服给人穿。 ②鳏（guān）：老而无妻。 ③孤：老而无子。独：幼而无父。 ④彻：通"撤"，除去。

【译文】

她又进一步问道："齐国有一位隐士叫钟离子，他好吗？这个人主张让有粮食的人有食物吃，没粮食的人也有食物吃；有衣服的给他们衣服穿，没有衣服的也给他们衣服穿。这是在帮助君王抚养百姓，齐王为何到现在还不使他成就功业呢？叶阳子的身体还好吧？这个人主张怜悯鳏夫和寡妇，抚恤孤儿老人，接济穷困的人，补助缺少衣食的人。这是协助大王使百姓繁衍生息的人，齐王为何到现在还不使他成就功业呢？北宫的孝女婴儿子好吗？她摘去玉环和耳坠，直至老去也不出嫁，全心全意奉养双亲。她是引导百姓奉行孝道的人，为什么到现在还没被朝廷褒奖？这样的两位隐士不能成就功业，一位孝女不能入朝，齐王凭什么来统治国家，而成为百姓的君主呢？於陵子仲这个人还活着吗？他这个人在上对君王不称臣，在下不能治理好他的家庭，于中又不和诸侯结交，这是在引导百姓无所作为，齐王为什么到现在还不处死他呢？"

齐人见田骈曰

【原文】

齐人见田骈[①]曰："闻先生高议，设为不宦，而愿为役。"田骈曰："子何闻之？"对曰："臣闻之邻人之女。"田骈曰："何谓也？"对曰："臣邻人之女，设为不嫁，行年三十而有七子，不嫁则不嫁，然嫁过毕矣。今先生设为不宦，訾养千钟，徒百人，不宦则然矣，而富过毕也。"田子辞。

【注释】

①田骈：战国时齐国有名的学者。

【译文】

有一个齐国人去拜见田骈，说："听说先生有高妙的言论，如果您不做官，我愿意侍奉您。"田骈问："你是从哪里听到的？"那人答道："从邻家的一位女子那里听来的。"田骈问："你是什么意思？"那人说："我邻居家有个女子，明明说不出嫁，但是到三十岁时已经有了七个孩子，她确实是没出嫁，但是比出嫁的女子更厉害。如今先生说是不做官，却享有很多财富，役使百名仆人，确实是没做官，可是比做官的还富有！”田骈于是辞谢了他。

齐负郭之民有狐咺者正议

【原文】

齐负郭之民有狐咺[①]者正议，闵王斫之檀衢[②]，百姓不附；齐孙室子陈举直言，杀之东闾[③]，宗族离心；司马穰苴[④]为政者也，杀之，大臣不亲。以故燕举兵，使昌国君[⑤]将而击之。齐使触子[⑥]将而应之。齐军破，触子以舆一乘亡。达子[⑦]收余卒复振，与燕战，求所以偿者，闵王不肯与，军破走。

【注释】

①狐咺（yuán）：古人名。齐国的平民。 ②檀衢：齐国城内的道路名称。③东闾：东边的城门。 ④司马穰苴（jū）：人名。齐宗室，又称“田穰苴”。⑤昌国君：燕国上将军乐毅。 ⑥触子：人名。齐将。 ⑦达子：人名。齐将。

【译文】

齐国近郊有一个居民名叫狐咺，他直言议论政事，齐闵王在檀衢把他处死，致使百姓对闵王生出抗拒之心；齐国宗室中有个叫陈举的人，他直言批评朝政，齐闵王在东闾处死了他，致使齐国宗族与闵王异心；司马穰苴执政，齐闵王处死了他，大臣们自此不再亲近齐闵王。因此，燕王调集兵马，派昌国君乐毅率军攻打齐国，齐国派触子率军迎战，结果齐国大败，触子驾着一辆战车逃跑了。齐将达子召集残余的士兵，重整旗鼓，又跟燕军交战，他要求齐闵王犒劳勇赴国难的兵将，齐闵王不愿意，结果齐军又打了败仗，四处逃亡。

【原文】

王奔莒[①]，淖齿[②]数之曰：“夫千乘、博昌之间，方数百里，雨血沾衣，王知之乎？”王曰：“不知。”“嬴、博之间，地坼至泉，王知之乎？”王曰：“不知。”“人有当阙[③]者，求之则不得，去之则闻其声，王知之乎？”王曰：“不知。”淖齿曰：“天雨血沾衣者，天以告也；地坼至泉者，地以告也；人有当阙而哭者，人以告也；天地人皆以告矣，而王不知戒焉，何得无诛乎？”于是杀闵王于鼓里[④]。

【注释】

①王奔莒：该历史事件发生在公元前284年。 ②淖齿：古人名。楚国的将军。 ③阙：古代宫殿外左右对称的高建筑物。 ④鼓里：莒城内的一个里巷的名字。

【译文】

齐闵王逃亡到莒，淖齿数说闵王的罪状："在那千乘与博昌之间数百里的地方，天降血雨，污秽了人们的衣服，大王知道这件事吗？"闵王说："不知道。""嬴和博之间，大地裂开涌出泉水，大王知道这件事吗？"闵王说："不知道。""有一个人在宫门前啼哭，去寻找却看不见人，走开却又听见那哭声，大王知道这件事吗？"闵王说："不知道。"淖齿说："天下血雨污衣，这是老天在示警；地裂出泉，这是大地在示警；望宫门而哭泣，这是人在示警。天、地、人都作了警示，而大王却不知道警戒，又怎么能不被诛杀呢？"于是，就在鼓里这个地方杀死闵王。

【原文】

太子[①]乃解衣免服，逃太史之家为溉园。君王后，太史氏女，知其贵人，善事之。田单以即墨之城，破亡余卒，破燕兵，给骑劫[②]，遂以复齐，遽迎太子于莒，立以为王。襄王即位，君王后以为后，生齐王建。

【注释】

①太子：即位后是齐襄王，名法章。 ②骑劫：燕国将领。

【译文】

太子于是乔装打扮，逃到太史家里，为他们灌溉菜园。太史家的女儿知道他是贵人，于是善待他。齐国大将田单率领即墨城的残兵大败燕军，欺骗燕将骑劫，最终恢复了失地，于是将太子迎到莒地，并立他为王。齐襄王即位后，封太史家的女儿为王后，并生了齐王建。

齐闵王之遇杀

【原文】

齐闵王之遇杀，其子法章变姓名，为莒[①]太史家庸夫。太史敫[②]女，奇法章之状貌，以为非常人，怜而常窃衣食之，与私焉。莒中及齐亡臣相聚，求闵王子，欲立之。法章乃自言于莒。共立法章为襄王。

襄王立，以太史氏女为王后，生子建。太史敫曰："女无媒而嫁者，非吾种也，污吾世矣。"终身不睹。君王后贤，不以不睹之故，失人子之礼也。

【注释】

①莒(jǔ)：地名，在今山东莒县南。②敫(jiǎo)：形容光芒闪耀的样子，此处为人名。

【译文】

齐闵王被杀，他的儿子法章改变姓名，来到莒地太史敫家，当了他家的仆人。太史敫的女儿见法章的相貌很奇特，觉得他不是普通人，很怜爱他，常暗中送给他衣服和食物，并和他有了私情。莒地的人和齐国逃往莒地的大臣聚在一起，商量寻找闵王的儿子，想要立他为王。法章就出来承认自己是太子，大家共同拥立他为襄王。

襄王即位后，把太史敫的女儿立为王后，称君王后，君王后为他生下一个儿子，孩子的名字叫建。太史敫说："女儿没有通过媒人就出嫁，不是我的后代，侮辱了我一世清名。"终身不愿意见他的女儿。君王后很贤惠，不因父亲不见她就不顾父女之间的礼节。

【原文】

襄王卒，子建立为齐王。君王后事秦谨，与诸侯信，以故建立四十有余年不受兵。

秦始皇[①]尝使使者遗君王后玉连环，曰："齐多知，而解此环不？"君王后以示群臣，群臣不知解。君王后引椎椎破之，谢秦使曰："谨以解矣。"

【注释】

①秦始皇：当为"秦昭王"，因为君王后死时秦始皇尚未即位。

【译文】

齐襄王死后，他的儿子建被立为齐王，君王后对待秦国很谨慎，对待诸侯也很讲信义，所以齐王建在位四十年多，没有遇到战争。

秦昭王曾派使臣给君王后送去一副玉连环，说："齐国人很聪明，但能解开这个玉连环吗？”君王后将玉连环拿给群臣看，大臣们都不知道如何解开它。君王后用锤子把它敲破，告诉秦王的使者说：“已经解开了。”

【原文】

及君王后病且卒，诫建曰：“群臣之可用者某。”建曰：“请书之。”君王后曰：“善。”取笔牍受言。君王后曰：“老妇已亡[①]矣！”君王后死，后后胜相齐，多受秦间金玉，使宾客入秦，皆为变辞，劝王朝秦，不修攻战之备。

【注释】

①亡：通“忘”。

【译文】

到君王后病重将死时，她告诫齐王建说：“任用大臣时，可以任用某人。”齐王建说：“请让我把他们的名字写出来。”君王后说：“好。”于是齐王取笔和木简，记录君王后的遗言。君王后却说：“老妇已经忘记要说什么了。”君王后死后，后胜担任齐相，接受了秦国间谍很多金玉，让宾客去秦国，宾客回来之后说的都是一些符合秦国利益的变诈之辞，劝说齐王建朝见秦国，而不做战争准备。

楚策

魏王遗楚王美人

【原文】

魏王遗楚王[①]美人，楚王说之。夫人郑袖[②]知王之说新人也，甚爱新人。衣服玩好，择其所喜而为之；宫室卧具，择其所善而为之。爱之甚于王。王曰：“妇人所以事夫者，色也；而妒者，其情也。今郑袖知寡人之说新人也，其爱之甚于寡人，此孝子之所以事亲，忠臣之所以事君也。”

【注释】

①楚王：楚怀王。②郑袖：楚怀王的夫人。

【译文】

魏王送给楚怀王一位美女，楚怀王很喜欢她。楚怀王的夫人郑袖知道楚怀王宠爱这位美女，就假装也非常喜欢这位新人，挑选她喜欢的服饰珍玩送给她，住室和家具也都按她的喜好置办，似乎比楚王更喜欢她。楚王说："女人仰仗自己的美色来侍奉自己的丈夫，而嫉妒也是女人的常情。现在郑袖知道寡人喜欢新人，可是她比我还爱新人，就像孝子侍奉父母、忠臣侍奉君主一样。"

【原文】

郑袖知王以己为不妒也，因谓新人曰："王爱子美矣。虽然，恶子之鼻。子为见王，则必掩子鼻。"新人见王，因掩其鼻。王谓郑袖曰："夫新人见寡人，则掩其鼻，何也？"郑袖曰："妾知也。"王曰："虽恶必言之。"郑袖曰："其似恶闻君王之臭也。"王曰："悍哉！"令劓[①]之，无使逆命。

【注释】

①劓（yì）：割去鼻子。

【译文】

郑袖知道楚王认为自己没有嫉妒新人后，就去对新人说："大王喜爱你的美貌，但是不喜欢你的鼻子。所以，如果你见到君王，一定要遮掩你的鼻子。"新人见到楚王，果然遮住了自己的鼻子。楚王对郑袖说："新人看见我时会遮住自己的鼻子，这是为什么呢？"郑袖回答说："我知道原因。"楚王说："就算是很难听的话，你也一定要说出来。"郑袖说："她像是讨厌闻到君王身上的气味。"楚王说："真是胆大！"于是命人割掉美人的鼻子，不许违抗命令。

赵策

郑同北见赵王

【原文】

郑同[1]北见赵王。赵王曰："子南方之博士也，何以教之？"郑同曰："臣南方草鄙之人也，何足问？虽然，王致之于前，安敢不对乎？臣少之时，亲尝教以兵。"赵王曰："寡人不好兵。"郑同因抚手仰天而笑之曰："兵固天下之狙喜[2]也，臣故意大王不好也。

【注释】

①郑同：古人名。擅长游说。 ②狙（jū）喜：即巨害。

【译文】

楚国人郑同去北方拜见赵王。赵王说："您是南方很博学的人，有什么可以教给我？"郑同说："我是南方一个粗鄙无知的人，有什么值得问的呢？即便如此，大王您已经问到我了，我怎么敢不回答呢？我年少的时候，父亲曾经传授给我兵法。"赵王说："我不喜欢用兵。"郑同拍手仰天大笑说："兵法本来就是天下的大害，我原来就猜想大王不喜欢它。

【原文】

"臣亦尝以兵说魏昭王[1]，昭王亦曰：'寡人不喜。'臣曰：'王之行能如许由乎？许由[2]无天下之累，故不受也。今王既受先王之传，欲宗庙之安、壤地不削、社稷之血食[3]乎？'王曰：'然。'

【注释】

①魏昭王：襄王子，名遬（sù），公元前294至前277年在位。 ②许由：古人名。相传是尧时的隐士。 ③血食：古代杀牲取血用来祭祀，因此受享祭品称为血食。

【译文】

"我也曾以用兵的事去劝说魏昭王，昭王也说：'我不喜欢。'我说：'大王的品行能比得上许由吗？许由心中没有世俗的牵累，所以他不接受尧的禅让。现在大王已经继承了先王的王位，您想要宗庙安稳、国家的领

土不被侵占，社稷永远保住吗？’昭王说：‘是这样的！’

【原文】

“今有人操随侯之珠[①]，持百丘之环[②]，万金之财，特宿于野，内无孟贲[③]之威、荆庆[④]之断，外无弓弩之御，不出宿夕，人必危之矣。今有强贪之国，临王之境，索王之地，告以理则不可，说以义则不听。王非战国守圉之具，其将何以当之？王若无兵，邻国得志矣。”赵王曰：“寡人请奉教。”

【注释】

①随侯之珠：相传为春秋战国时期随国的珍宝。随国的君主随侯曾救治过一条大蛇，蛇痊愈后衔夜明珠报恩，因此称“随侯珠”。也叫作“隋侯珠”。②百丘之环：丘，古代的基层居民组织。百丘之环，即值一百个丘的玉环，意为价值连城。 ③孟贲：古人名。卫国人，战国勇士，有人认为是秦武王时的力士孟说。 ④荆庆：古人名。古代勇士，一说为荆轲，一说为成荆和庆忌。

【译文】

“现在有一个人带着随侯珠，握着贵重的玉环，揣着万金资财，独自在野外露宿，他既没有孟贲那样的威武、荆庆那样的果断，又没有强弓利箭来防御，那么不超过一晚就会有危险。现在有强大贪婪的国家，进逼大王的国境，向您索取土地，给它讲道理，讲不通，和它论道义，也不听取。大王您如果没有保卫国家防御敌人的器具，又将拿什么去抵御它们呢？大王您如果没有军事防御力量，那么邻国的野心就会得逞了。”赵王说：“寡人请你多加指教。”

赵太后新用事

【原文】

赵太后[①]新用事，秦急攻之。赵氏求救于齐。齐曰：“必以长安君[②]为质，兵乃出。”太后不肯，大臣强谏。太后明谓左右：“有复言令长安君为质者，老妇必唾其面。”

【注释】

①赵太后：赵孝成王的母亲。 ②长安君：赵太后的幼子。长安是他的封号而不是地名。

【译文】

赵太后刚刚执政，秦国就猛烈攻打赵国。赵国向齐国求救。齐国说："一定要让长安君做人质，我们才会派出军队。"赵太后不同意，大臣们都竭力劝谏她。赵太后向身边的人明确宣布："有谁再提起让长安君做人质的事，老婆子我一定向他的脸上吐唾沫。"

【原文】

左师触龙[①]言愿见太后，太后盛气而胥[②]之。入而徐趋，至而自谢[③]，曰："老臣病足，曾不能疾走，不得见久矣。窃自恕，而恐太后玉体之有所郄[④]也，故愿望见太后。"太后曰："老妇恃辇[⑤]而行。"曰："日食饮得无衰乎？"曰："恃粥耳。"曰："老臣今者殊不欲食，乃自强步，日三四里，少益嗜食，和于身也。"太后曰："老妇不能。"太后之色少解。

【注释】

①左师触龙：名为触龙的执政官。 ②胥：等候。 ③谢：在这里是道歉的意思。 ④郄（xì）：通"隙"。在这里是指身体不适。 ⑤辇：人拉的车。

【译文】

左师触龙说自己想拜见太后，太后十分生气地等着他。触龙才进宫就小步移动向前，走到太后面前向她谢罪，说："老臣的脚有毛病，所以不能快走，很久不能够拜见您。我私下原谅自己，但又担心太后您的身体欠安，所以希望能谒见太后。"赵太后说："老婆子我只能靠车子行动了。"触龙问："您每天饮食该不会减少了吧？"太后说："靠的是稀饭而已。"触龙说："老臣最近也不思饮食，于是就勉强步行，一天走上三四里，渐渐地想吃东西了，身体也舒服了些。"太后说："老婆子我是做不到的。"这时太后的脸色稍稍缓和了些。

【原文】

左师公曰："老臣贱息[①]舒祺，最少，不肖，窃爱怜之，愿令得补黑衣[②]之数，以卫王宫，没死[③]以闻。"太后曰："敬诺。年几何矣？"对曰："十五岁矣。虽少，愿及未填沟壑[④]而托之。"太后曰："丈夫亦爱怜其少子乎？"对曰："甚于妇人。"太后笑曰："妇人异甚。"对曰："老臣窃以为媪之爱燕后[⑤]贤于长安君。"

曰："君过矣，不若长安君之甚。"左师公曰："父母之爱子，则为之计深远。媪之送燕后也，持其踵为之泣，念悲其远也，亦哀之矣。已行，非弗思也，祭祀必祝之，祝曰：'必勿使反。'岂非计久长，有子孙相继为王也哉？"太后曰："然。"

【注释】

①贱息：对自己子女的谦称。②黑衣：卫士穿的衣服。这里指侍卫。③没（mò）死：冒着死罪。④填沟壑：尸体填于沟壑，死亡的委婉说法。⑤媪（ǎo）：对老年妇女的敬称。燕后：赵太后的女儿，因嫁给燕王，故称燕后。

【译文】

左师公触龙说："老臣的犬子舒祺，年龄最小，没有本领，老臣心里很疼爱他，希望能让他补进黑衣侍卫的队伍里，来保卫王宫，我冒死来向太后提出这一请求。"太后说："非常同意。他多大年纪了？"触龙回答说："十五岁了。虽然年纪还小，老臣还是想趁着自己没死之前把他托付出去。"太后说："男人们也疼爱自己的小儿子吧？"触龙回答说："超过女人。"太后笑道："女人疼爱小儿子可是特别厉害啊。"触龙回答说："老臣私下里认为您老人家疼爱燕后要超过长安君。"太后说："您错了，比不上疼爱长安君的程度。"触龙说："父母疼爱子女，就应该替他们考虑得长远。您老人家送别燕后时，握住她的足跟哭泣，念及她的远嫁而悲伤，这也是感到伤心啊。她走了以后，您并不是不想念她，祭祀的时候一定为她祝福，道：'一定别让她回来。'这难道不是替她做长远打算，希望她的子孙世代继承王位吗？"太后说："是的。"

【原文】

左师公曰："今三世以前，至于赵之为赵，赵主之子孙侯者，其继有在者乎？"曰："无有。"曰："微独赵，诸侯有在者乎？"曰："老妇不闻也。""此其近者祸及身，远者及其子孙。岂人主之子侯则必不善哉？位尊而无功，奉厚而无劳，而挟重器多也。今媪尊长安君之位，而封之以膏腴之地，多予之重器，而不及今令有功于国，一旦山陵崩[①]，长安君何以自托于赵？老臣以媪为长安君计短也，故以为其爱不若燕后。"太后曰："诺。恣君之所使之。"于是为长安君约车百乘，质于齐，齐兵乃出。

【注释】

①山陵崩：对国君或王后之死的讳称。

【译文】

左师触龙说："从现在起往上追溯到三代以前，直到赵氏立国的时候，赵君的子孙封侯的，他们的后嗣还有在侯位的吗？"太后说："没有。"触龙问："不只是赵国，其他诸侯的子孙，他们的后代还有在侯位的吗？"太后说："老婆子没有听说过。"触龙说："这些人近的本身遭遇灾祸，远的祸及子孙。难道说国君的子孙们都一定不会有好结果吗？那是因为他们地位尊贵却没有功劳，俸禄丰厚但没有功绩，只是拥有大量的宝物而已。现在您老人家提高长安君的地位，又封给他肥沃的土地，给他很多宝物，却不让他趁现在为国立功，一旦您不幸去世，长安君将依仗什么在赵国独自立足呢？所以老臣认为您替长安君打算得少，说您疼爱长安君不如疼爱燕后。"太后说："说的是，听凭您安排他吧！"于是为长安君准备一百辆随行的车辆，送他到齐国充当人质，齐国这才出兵援救赵国。

【原文】

子义[①]闻之曰："人主之子也，骨肉之亲也，犹不能恃无功之尊，无劳之奉，而守金玉之重也，而况人臣乎？"

【注释】

①子义：赵国的贤人。

【译文】

子义听说了这件事，说道："君主的儿子，是国君的亲骨肉啊，尚且不能倚仗没有功勋而得来的高位，没有劳绩的俸禄，坐拥金玉等贵重财物，更何况是臣子呢？"

魏策

知伯索地于魏桓子

【原文】

知伯索地于魏桓子①，魏桓子弗予。任章②曰："何故弗予？"桓子曰："无故索地，故弗予。"任章曰："无故索地，邻国必恐；重欲无厌，天下必惧。君予之地，知伯必侨③，侨而轻敌，邻国惧而相亲。以相亲之兵，待轻敌之国，知氏之命不长矣。《周书》曰：'将欲败之，必姑辅之；将欲取之，必姑与之。'君不如与之，以骄知伯。君何释以天下图知氏，而独以吾国为知氏质④乎？"君曰："善。"乃与之万家之邑一。知伯大说，因索蔡、皋狼于赵，赵弗与，因围晋阳。韩、魏反于外，赵氏应之于内，知氏遂亡。

【注释】

①知伯：智伯。魏桓（huán）子：人名。名驹。 ②任章：古人名。魏桓子的相。 ③侨：古同"骄"。 ④质：箭靶。在此指被攻击的对象。

【译文】

智伯向魏桓子索要土地，魏桓子不给他。任章问："您为什么不给他土地呢？"桓子说："无缘无故来索要土地，所以不给。"任章说："没有缘由就来索取土地，智伯的邻国一定会恐慌；贪得无厌，天下的诸侯一定会担忧。假使您把土地给他，他必定越发骄横；骄横就会轻敌，而邻国害怕就会相互亲近团结。用相互团结的军队去抵御轻敌的国家，智伯肯定活不长了。《周书》上说：'想要打败他，一定先要辅助他；想要谋取他，一定先要给予他。'您不如把土地给他，使智伯骄横。您为什么放弃和天下诸侯共同图谋智伯的机会，偏偏让我国成为智伯的攻击对象呢？"魏桓子："好。"于是送给智伯一个万家的都邑。智伯很高兴，就又向赵国索取蔡、皋狼等地，赵国不答应，智伯就围攻晋阳。韩、魏从外部反击，赵军在城内接应，智伯终于灭亡。

韩策

史疾为韩使楚

【原文】

史疾[1]为韩使楚，楚王问曰：“客何方所循？”曰：“治列子圉寇[2]之言。”曰：“何贵？”曰：“贵正。”王曰：“正亦可为国乎？”曰：“可。”王曰：“楚国多盗，正可以圉[3]盗乎？”曰：“可。”曰：“以正圉盗，奈何？”顷间有鹊止于屋上者，曰：“请问楚人谓此鸟何？”王曰：“谓之鹊。”曰：“谓之乌，可乎？”曰：“不可。”曰：“今王之国有柱国、令尹、司马、典令[4]，其任官置吏，必曰廉洁胜任。今盗贼公行而弗能禁也，此乌不为乌，鹊不为鹊也。”

【注释】

①史疾：韩国臣子。 ②列子圉（yǔ）寇：列御寇，又称列子，战国时郑国学者。 ③圉：防御，禁止。 ④司马：主管军事的官职。典令：主管发布政令的官职。

【译文】

史疾替韩国出使楚国，楚王问他说：“先生在研究什么学问？”史疾说：“我在研究列御寇的学说。”楚王问：“列御寇推崇什么呢？”史疾说：“推崇正。”楚王问：“这也能用来治理国家吗？”史疾回答说：“可以。”楚王问：“楚国有很多盗贼，用它能防范盗贼吗？”史疾回答说：“可以。”楚王接着问：“怎么用正来防盗？”不久，有一只鹊鸟飞来停在屋顶上，史疾问：“请问楚国人怎么称谓这种鸟呢？”楚王说：“叫它鹊。”史疾又问：“叫它乌鸦，可以吗？”回答说：“不可以。”史疾就说：“如今大王的国内设有柱国、令尹、司马、典令等官职，任用官吏时，一定要求他们廉洁奉公，能胜任其职。现在盗贼横行却不能加以禁止，这就是乌鸦不成为乌鸦，鹊鸟不成为鹊鸟啊。”

燕策

人有恶苏秦于燕王者

【原文】

人有恶[①]苏秦于燕王者，曰："武安君[②]，天下不信人也。王以万乘下之，尊之于廷，示天下与小人群也。"

【注释】

①恶(è)：诽谤，诋毁。②武安君：苏秦在燕国的封号。

【译文】

有人在燕昭王那里毁谤苏秦说："武安君苏秦是天下最不讲信用的人。大王以万乘大国君主的身份，屈尊礼待他，在朝廷上敬重他，这是向天下人表明自己与小人为伍啊。"

【原文】

武安君从齐来，而燕王不馆也。谓燕王曰："臣东周之鄙人也，见足下身无咫尺之功，而足下迎臣于郊，显臣于廷。今臣为足下使，利得十城，功存危燕，足下不听臣者，人必有言臣不信，伤臣于王者。臣之不信，是足下之福也。使臣信如尾生，廉如伯夷，孝如曾参，三者天下之高行[①]，而以事足下可乎？"燕王曰："可。"曰："有此，臣亦不事足下矣。"

【注释】

①高行：高尚的德行。

【译文】

苏秦从齐国回来，燕王不再任用他。苏秦对燕王说："我原本只是东周的一个鄙陋之人，当初见大王时没有些许功绩，但大王亲自到郊外去迎接我，让我在朝廷上占据显要位置。现在我替您出使齐国，收复了十座城邑，有挽救危困燕国的功劳，可是您却不信任我，一定是有人说我不守信用，在大王面前中伤我。其实，我不守信用，那是您的福气。如果我像尾生那样守信，像伯夷那样廉洁，像曾参那样尽孝，具有这三种天下最可贵的德行，来为大王效命，可以吗？”燕王说：“可以。”苏秦说：“有这些德行，我也不会来侍奉您了。”

【原文】

苏秦曰：“且夫孝如曾参，义不离亲一夕宿于外，足下安得使之之齐？廉如伯夷，不取素餐①，污武王之义而不臣，焉辞孤竹②之君，饿而死于首阳之山③。廉如此者，何肯步行数千里，而事弱燕之危主乎？信如尾生，期而不来，抱梁柱而死。信至如此，何肯扬燕、秦之威于齐而取大功乎哉？且夫信行者，所以自为也，非所以为人也。皆自覆④之术，非进取之道也。且夫三王代兴，五霸迭盛，皆不自覆也。君以自覆为可乎？则齐不益于营丘⑤，足下不逾楚境⑥，不窥于边城之外。且臣有老母于周，离老母而事足下，去自覆之术，而谋进取之道，臣之趣固不与足下合者。足下皆自覆之君也，仆者进取之臣也，所谓以忠信得罪于君者也。”

【注释】

①素餐：没有功劳而接受俸禄。②孤竹：古国名。③首阳之山：首阳山，在今河南偃师西北。④自覆：自我满足。⑤营丘：临淄，齐国早期的都城。⑥足下不逾楚境：当作“楚境不逾沮、漳”。沮、漳二水在湖北汉水之西，合流后，在江陵西流入长江。

【译文】

苏秦说：“何况像曾参那样的孝子，遵守道义，不会离开父母在外住宿一个晚上，您又怎么能派他到齐国去呢？像伯夷那样廉洁，不受无功之禄，认为周武王的行为玷污正义，不做他的臣子，于是辞掉孤竹君位，饿死在首阳山上。廉洁到这种程度，又怎么肯步行几千里来到弱小的燕国侍奉处境危急的国君呢？如何像尾生那样守信用，约会的时间到了而情人还没有来，最终抱着桥柱被淹死。守信到了这种地步，怎么会到齐国去宣扬燕、秦的威望而成就大功业呢？况且讲信用道德的人，都是为了自我修养，不是用来帮助他人。所以这都是自我满足的办法，而不是谋求进取的途径。况且，三王轮流兴起，五霸相继强盛，他们都不满足现状。您认为安于现状可以吗？那么齐国就不会进兵营丘，您也不能越过楚国的边境，不可能窥探边城以外的地方了。况且我在周地还有老母在堂，离开老母来侍奉您，抛开故步自封的做法，谋求进取的策略。看来我的志向本来就和您不一致。大王是安于现状的君主，而我是积极进取的臣子，这就是因为忠信而得罪于君王的人啊。”

【原文】

燕王曰：“夫忠信又何罪之有也？”对曰：“足下不知也。臣邻家有远为吏者，其妻私人。其夫且归，其私之者忧之。其妻曰：‘公勿忧也，吾已为药酒以待之矣。’后二日，夫至，妻使妾奉卮酒进之。妾知其药酒也，进之则杀主父，言之则逐主母，乃阳僵①弃酒。主父大怒而笞②之。故妾一僵而弃酒，上以活主父，下以存主母也。忠至如此，然不免于笞，此以忠信得罪者也。臣之事，适不幸而有类妾之弃酒也。且臣之事足下，亢③义益国，今乃得罪，臣恐天下后事足下者，莫敢自必④也。且臣之说齐，曾不欺之也？使说齐者，莫如臣之言也，虽尧、舜之智不敢取也。”

【注释】

①阳：通“佯”，假装。僵：跌倒，扑倒。②笞（chī）：鞭打。③亢（kàng）：使……崇高。④必：肯定相信。

【译文】

燕王说：“忠信又有什么罪过呢？”苏秦回答说：“您不知道。我的邻居中有个在远方做官的人，他的妻子跟别人有私情。她的丈夫快要回家了，他妻子的情夫对此感到担忧。妻子说：‘你别担心，我已经制作了毒酒等着他呢。’过了两天，丈夫到家了，妻子让侍妾捧着酒杯递上。侍妾知道那里面装的是毒酒，如果递上去就会毒死男主人，如果把事情揭露出来，那么女主人就会被赶走。于是她假装摔倒，把毒酒洒在地上。男主人非常生气，就鞭打她。这个侍妾这一扑倒，把酒洒在地上，对上救了男主人的性命，对下可以保住女主人。忠心到了这种地步，然而仍然免不了受到责打，这就是因为忠信反而受到罪责的人啊。现在我的处境，恰恰不幸和那个女仆泼掉毒酒反而受罚的遭遇有些类似。况且我事奉大王您，尽量使信义崇高而使国家获益，如今竟然获罪，我担心以后天下所有来事奉您的人，都会丧失信心。况且我劝说齐王，不是曾经欺骗他吗？要是游说齐王的人都不是像我那样进言，即使他们像尧、舜一样贤明，也不能取得这样的利益。”

张仪为秦破从连横

【原文】

张仪为秦破从连横，谓燕王曰：“大王之所亲莫如赵。昔赵王以其姊为代王①妻，欲并代，约与代王遇于句注②之塞。乃令工人作为金斗③，长其尾，令之可以击人。与代王饮，而阴告厨人曰：‘即酒酣乐，进热歠④，即因反斗击之。’于是酒酣乐，取热歠。厨人进斟羹，因反斗而击之，代王脑涂地。其姊闻之，摩笄⑤以自刺也，故至今有摩笄之山⑥。天下莫不闻。

【注释】

①赵王：指赵襄子。代王：当时代还没有称王，当称“代君”。 ②句注：山名。在今山西代县西北。 ③金：铜。斗：酒器。 ④热歠（chuò）：指羹汤。⑤摩：通“磨”。笄（jī）：发簪。 ⑥摩笄之山：山名。在今河北张家口东南。

【译文】

张仪为秦国破除合纵，推行连横策略，对燕王说：“大王最亲近的莫过于赵国吧。从前赵襄子把他的姐姐嫁给代君为妻，想要吞并代国，邀约代君在句注的关塞会面。于是他命令工匠制作了一个铜斗，增长斗柄，使它可以用来袭击别人。赵襄子在和代君饮酒时，暗中告诉厨子说：‘当酒喝得正酣畅时，就送上热汤，随即乘机掉过铜斗来袭击代君。’于是在酒喝得正畅快时，上热汤了，厨子送上汤勺，趁机倒转铜斗攻击代君，代君脑浆流了一地。赵襄子的姐姐听说这件事后，便磨尖了发簪自杀，因此到今天还有摩笄山。天下没有谁没听闻这件事的。

【原文】

“夫赵王之狼戾①无亲，大王之所明见也。且以赵王为可亲邪？赵兴兵而攻燕，再围燕都而劫大王，大王割十城乃郤以谢。今赵王已入朝渑池，效河间以事秦。大王不事秦，秦下甲云中、九原，驱赵而攻燕，则易水、长城②非王之有也。

【注释】

①赵王：赵武灵王。狼戾（lì）：像狼一样贪戾。 ②长城：地名。指燕南长城。

【译文】

“赵王像狼一样贪戾，不讲亲情，这是大王能清楚看到的。怎么能把赵王当作是可以亲近的人呢？赵国兴兵攻打燕国，两次围困燕都并且劫持大王，大王割让十座城邑去谢罪。现在赵王已经到渑池朝见秦王，献出河间一带来归顺秦国。如果大王不归顺秦国，秦就会发兵到云中、九原，驱使赵军进攻燕国，那么易水和长城，就不再归大王所有了。

【原文】

“且今时赵之于秦，犹郡县也，不敢妄兴师以征伐。今大王事秦，秦王必喜，而赵不敢妄动矣。是西有强秦之援，而南无齐、赵之患，是故愿大王之熟计之也。”

【译文】

“况且现在的赵国对于秦国来说，就如同秦的一个郡县，不敢妄自发兵去征伐别国。如果大王现在依附秦国，秦王必定会很高兴，赵国也不敢轻举妄动了。如若那样，燕国西面有强大的秦国援助，同时南边没有了齐国、赵国的忧患，所以希望大王能慎重考虑这件事。”

【原文】

燕王曰：“寡人蛮夷辟①处，虽大男子裁②如婴儿，言不足以求正，谋不足以决事。今大客幸而教之，请奉社稷西面而事秦，献常山之尾五城。”

【注释】

①辟：通“僻”，偏僻。②裁：只，仅。

【译文】

燕王说：“我像蛮夷一样处在偏远之地，这里即使是成年男子，行为也像小孩一般，他们讲话不能有正确的看法，智谋不能决断事情。如今有幸得到贵客的指教，我愿意奉上国家向西依附秦国，并献出常山西南的五座城邑。”

宫他为燕使魏

【原文】

宫他①为燕使魏，魏不听，留之数月。客谓魏王②曰：“不听燕使何也？”曰：“以其乱也。”对曰：“汤之伐桀，欲其乱也。故大乱者可得其地，小乱者可得其宝。今燕客之言曰：‘事苟可听，虽尽宝、地，犹为之也。’王何为不见？”魏王说，因见燕客而遣之。

【注释】

①官他：周人，当时在燕国任职。 ②魏王：魏襄王。

【译文】

宫他代表燕国出使魏国，魏王不但没有接见他，还扣留了他几个月。有人对魏王说：“您为什么不接见燕国的使臣呢？”魏王说：“因为燕国内部发生了动乱。”发问的人回答说：“商汤讨伐夏桀的时候，就希望夏国内部混乱。因为发生大乱的国家，别国可以得到它的土地；发生小乱的国家，别国可以得到它的珍宝。现在燕国使臣说了这样的话：‘假如大王能够采纳我的建议，即使要送上燕国所有的宝物和土地，燕国也在所不惜。’大王为什么不见一见他呢？”魏王听后很高兴，于是召见了宫他，并把他送回了燕国。

苏秦为燕说齐

【原文】

苏秦为燕说齐，未见齐王[①]，先说淳于髡[②]曰：“人有卖骏马者，比[③]三旦立于市，人莫知之。往见伯乐曰：‘臣有骏马，欲卖之，比三旦立于市，人莫与言，愿子还而视之，去而顾之，臣请献一朝之贾。’伯乐乃还[④]而视之，去而顾之，一旦而马价十倍。今臣欲以骏马见于王，莫为臣先后者，足下有意为臣伯乐乎？臣请献白璧一双，黄金千镒，以为马食[⑤]。”淳于髡曰：“谨闻命矣。”入言之王而见之，齐王大说苏子。

【注释】

①齐王：齐闵王。 ②淳于髡：齐国学士，以博学著称，滑稽善辩，曾多次劝谏齐王。 ③比：连续。 ④伯乐：本名孙阳，善于相马。还：通“旋”，旋绕。⑤马食：指报酬。

【译文】

苏秦为燕国去游说齐王，在去面见齐王之前，他对淳于髡说：“有一个人去卖千里马，可是他接连三个早晨站在集市上也没有人知道他的马是千里马。于是他去拜访伯乐说：‘我有一匹千里马，我想卖掉它，可是我接连三个早晨站在集市上，也没有人过来问价，希望先生您能绕着我的马走一圈，仔细地看一看它，离开后再回头看看它，这样我愿意给您一天的费用。’伯乐就绕着他的马仔细地看了看，离开以后又回头看了看，结果马的身价竟然一下子涨了十倍。现在我想以千里马的身份拜见齐王，可是没有人为我引荐，先生愿意做我的伯乐吗？请让我送给您白璧一双、黄金二百两，作为您的酬劳。”淳于髡说：“我愿意为您引荐。”于是淳于髡进宫向齐王推荐了苏秦，齐王接见了苏秦，而且非常器重他。

苏秦自齐献书于燕王曰

【原文】

苏秦自齐献书于燕王曰：“臣之行也，固知必将有口事，故献御书[①]而行曰：‘臣贵于齐，燕大夫将不信臣；臣贱，将轻臣；臣用，将多望于臣；齐有不善，将归罪于臣；天下不攻齐，将曰善为齐谋；天下攻齐，将与齐兼弃臣。臣之所处者，重卵[②]也。’

【注释】

①御书：臣子呈给帝王的书信。 ②重（zhòng）卵：即累卵，形容极为危险。

【译文】

苏秦从齐国上书给燕昭王说：“我在离开燕国时就知道将来一定会有人在背后诽谤我，所以在临行之前给大王上书说：‘如果将来我成为显贵，那么燕国的士大夫们将会怀疑我；如果我的地位卑贱，他们则会轻视我；如果我被任用，他们大多会苛刻地对待我；如果齐国与燕国关系不好，他们又会把责任推到我身上；如果各诸侯国不进攻齐国，他们将会打趣我善于为齐国打算；若是各诸侯国进攻齐国，他们将与齐国一起抛弃我。我的处境像重叠起来的蛋一样危险啊。’

【原文】

“王谓臣曰：‘吾必不听众口与谗言，吾信汝也，犹龁[①]也。上，可以得用于齐；次，可以得信；下，苟无死，女无不为也，以

孥[②]自信可也；与言曰去燕之齐，可；甚者，与谋燕，可。期于成事而已。’

【注释】

①龁（hé）：咬。②孥（nú）：指妻子和儿女。

【译文】

“大王对我说：‘我一定不会听信众人的谗言，我相信你，就像咬住一样。最理想的，是你在齐国能够得到重用；其次，是能够取得齐王的信任；最次，只要不死，你怎么做都行，你可以把家属接到齐国，使齐王相信你；可以和齐王说，你是怎么离开燕国到齐国；甚至也可以和齐王商量如何谋取燕国。总之，目的在于把我们的事办成功。’

【原文】

“臣受令以任齐交五年，齐数出兵，未尝谋燕。齐、赵之交，一美一恶，一合一离，燕不与齐谋赵，则与赵谋齐。齐之信燕也，至于虚北地行其兵。今王信田伐与参、去疾[①]之言，且攻齐，使齐大戒而不信燕。

【注释】

①田伐、参、去疾：三人皆燕臣。

【译文】

“我奉命到齐国工作已经五年了，在此期间，齐国多次发兵，但都没有攻打过燕国。齐、赵两国的邦交，时好时坏，时合时分，燕国不是联合齐国对付赵国，就是联合赵国对付齐国。然而齐国依旧信任燕国，以致齐国没有在其北部边境设防线，而是把兵力抽调到了其他地方。如今大王听信田伐、参、去疾的话，准备进攻齐国，致使齐国加强了戒备，而不信任燕国。

【原文】

“今王又使庆[①]令臣曰：‘吾欲用所善。’王苟欲用之，则臣请为王事之。王欲醳臣剸[②]任所善，则臣请归醳事。臣苟得时见，则盈愿矣。”

【注释】

①庆：盛庆，燕臣。②醳（shì）：通“释”。剸：同“专”。

【译文】

“现在大王又派盛庆命令臣下说：‘我想任用我所信任的人。’假使大王真想任用他，那么请让臣下为大王去辅佐他。如果大王真要遗弃我而专任所谓合意的人，那么请让我回国解除职务。假如我能够见到大王，那将是我最大的愿望。”

昌国君乐毅为燕昭王合五国之兵而攻齐

【原文】

昌国君乐毅为燕昭王合五国之兵而攻齐，下七十余城，尽郡县之以属燕，三城未下而燕昭王死。惠王即位，用齐人反间，疑乐毅，而使骑劫代之将。乐毅奔赵，赵封以为望诸君①。齐田单欺诈骑劫，卒败燕军，复收七十城以复齐。燕王悔，惧赵用乐毅承②燕之弊以伐燕。

【注释】

①望诸君：望诸本为齐国的沼泽名，乐毅从齐国投奔赵国，赵王为表明他的来处，封他为望诸君。 ②承：通“乘”，趁着。

【译文】

昌国君乐毅辅佐燕昭王时，率领五国联军攻打齐国，攻下了七十多座城池，并把它们全部编入燕国的郡县，只剩三座城池没有攻下，这时燕昭王就去世了。燕惠王即位，相信了齐国人的离间之计，怀疑乐毅，命令骑劫代替乐毅统率燕国军队。乐毅逃亡到赵国，被赵王封为望诸君。齐国大将田单用计谋欺骗了骑劫，最终打败燕国，收复了齐国失去的七十多座城池。惠王深感后悔，又害怕赵国趁燕国疲惫时命乐毅前来攻打燕国。

【原文】

燕王乃使人让乐毅，且谢之曰：“先王举国而委将军，将军为燕破齐，报先王之雠，天下莫不振动，寡人岂敢一日而忘将军之功哉！会先王弃群臣，寡人新即位，左右误寡人。寡人之使骑劫代将军者，为将军久暴露于外，故召将军且休计事。将军过听，以与寡人有郤①，遂捐燕而归赵。将军自为计则可矣，而亦何以报先王之所以遇将军之意乎？”

【注释】

①郤（xì）：同“隙”，此处指不和。

【译文】

燕惠王派人责备乐毅，并婉转地说：“先王把整个国家托付给将军，将军替燕国打败了齐国，为先王报了仇，这件事让天下人都感到震惊。我没有一天敢忘记将军的功劳呢！当初恰逢先王不幸离世，我刚刚即位，被近臣误导。我让骑劫代替您，是因为我不忍心看将军长期在外奔波，于是召请将军回来，请将军暂且休整一下，以便与我共议国家大事。然而，将军听信了谣言，对我有了意见，于是丢下燕国，归附了赵国。将军您这样为自己打算并没有什么不妥，可是您又拿什么来报答先王对您的知遇之恩呢？”

【原文】

望诸君乃使人献书报燕王曰：“臣不佞，不能奉承先王之教，以顺左右之心，恐抵斧质之罪，以伤先王之明，而又害于足下之义，故遁逃奔赵。自以负不肖之罪，故不敢为辞说。今王使使者数之罪，臣恐侍御者[1]之不察先王之所以畜幸臣之理，而又不白于臣之所以事先王之心，故敢以书对。

【注释】

①侍御者：左右服侍大王的侍从，在此实指燕惠王。

【译文】

望诸君于是派人给燕惠王送去一封信。在信中，望诸君对燕惠王说：“我没有才能，不能遵奉继承先王的教诲，来顺从您左右亲信的心意，又担心获得死罪，损害先王的用人之明，又使大王蒙受加害功臣的不义名声，所以逃亡到赵国。自认为背负不肖的罪名，所以也不敢用言语辩解。如今大王派使者来数落我的罪过，我担心您身边的人不能明察先王任用爱护我的原因，并且也不明白我之所以事奉先王的心情，所以才斗胆写封信来回答您。

【原文】

“臣闻贤圣之君，不以禄私其亲，功多者授之；不以官随其爱，能当者处之。故察能而授官者，成功之君也；论行而结交者，立名之

士也。臣以所学者观之，先王之举错[①]有高世之心，故假节于魏王，而以身得察于燕。先王过举，擢之乎宾客之中，而立之乎群臣之上，不谋于父兄，而使臣为亚卿[②]。臣自以为奉令承教，可以幸无罪矣，故受命而不辞。

【注释】

①错：通“措”。 ②亚卿：周制，卿分上、中、下三级，中卿为第二级卿，又称亚卿。

【译文】

“我听说贤圣的君主不把俸禄任意送给他的亲信，功劳大的才给他；不把官职随便交给他喜欢的人，而是让称职的人担任职务。所以考察臣下的才能再给他适当的官职，这才是能成就功业的君主；能评论别人的品行才和他结交的，这才是能建立功名的人。我用所学到的知识观察，先王的行为显露出超越世俗的志向，所以我借着为魏王出使的机会，才能亲自到燕国接受考察。先王过高地抬举我，在宾客之中把我提拔出来，安排的官职在群臣之上，不与宗室大臣商量，就任命我为亚卿。我自以为接受命令，秉承教诲，可以有幸不获罪，所以就接受了任命而没有推辞。

【原文】

“先王命之曰：‘我有积怨深怒于齐，不量轻弱，而欲以齐为事。’臣对曰：‘夫齐，霸国之余教也，而骤胜之遗事也，闲[①]于兵甲，习于战攻。王若欲攻之，则必举天下而图之；举天下而图之，莫径于结赵矣。且又淮北宋地，楚、魏之所同愿也。赵若许，约楚、魏、宋尽力，四国攻之，齐可大破也。’先王曰：‘善。’臣乃口受令，具符节，南使臣于赵。顾反命，起兵随而攻齐。以天之道，先王之灵，河北之地，随先王举而有之于济上。济上之军奉令击齐，大胜之。轻卒锐兵，长驱至国。齐王逃遁走莒[②]，仅以身免。珠玉财宝，车甲珍器，尽收入燕。大吕陈于元英[③]，故鼎反于历室[④]，齐器设于宁台[⑤]。蓟丘[⑥]之植，植于汶皇[⑦]。自五伯以来，功未有及先王者也。先王以为惬其志，以臣为不顿命，故裂地而封之，使之得比乎小国诸侯。臣不佞，自以为奉令承教，可以幸无罪矣，故受命而弗辞。

【注释】

①闲：通“娴”，熟练，熟悉。 ②齐王：齐闵王。莒（jǔ）：在今山东莒县。 ③大吕：齐钟名。元英：燕国的宫殿。 ④历室：燕国的宫殿。 ⑤宁台：燕国的高台。 ⑥蓟（jì）丘：燕都蓟城的标志性地方，在今北京白云观西。 ⑦汶：指汶水。皇：通“篁”，竹子。

【译文】

“先王告诉我说：‘我对齐国有深仇大恨，不自我估量国力的微弱，想对齐国发起征伐。’我回答说：‘齐国有先代称霸的遗教，又有多次打胜仗的余威，对兵器、战事精熟。大王如果想攻打齐国，就一定要联合天下的诸侯共同对付它；要联合天下诸侯来对付齐国，最便捷的方法就是先和赵国结交。而且淮北是宋国的属地，楚、魏两国都想要得到它。赵国如果答应和燕国结盟，再联合楚魏和宋国共同出动兵力，四国联合攻打齐国，就一定可以大败齐国。’先王说：‘好。’于是我就接受口头的命令，准备好符节，向南出使到赵国。待我回国复命以后，各国随即起兵攻打齐国。由于上天的保佑和先王的精明，黄河以北的土地全数被先王所占有。济水上的军队奉命追击齐军，获得全胜。我们以精锐的部队又长驱直达齐都，齐闵王逃到莒城，才得以免于一死。齐国的珠玉财宝、车马铠甲、珍贵器物，全部收入燕国的府库。齐国的大吕钟被陈放在元英宫，燕国从前失去的大鼎又回到了历室宫，齐国的各种宝器陈放在宁台上。燕都蓟丘的竹子被移植到齐国的汶水。从五霸以来，没有一个人的功业能赶得上先王。先王认为满足了心愿，也认为我没有辜负使命，因此划分一块土地封赏给我，使我能够与小国的诸侯同列。我没才能，但自认为奉守命令秉承教诲，就可以万幸无罪了，所以接受了封赏而毫不推辞。

【原文】

“臣闻贤明之君，功立而不废，故著于春秋；蚤[①]知之士，名成而不毁，故称于后世。若先王之报怨雪耻，夷万乘之强国，收八百岁[②]之蓄积，及至弃群臣之日，余令诏后嗣之遗义，执政任事之臣，所以能循法令，顺庶孽[③]者，施及萌隶[④]，皆可以教于后世。

【注释】

①蚤：通“早”。 ②八百岁：齐国从姜尚立国开始，至乐毅破齐止，总共

持续了大约八百年。③顺庶孽：端正嫡、庶的名分。④萌隶：百姓。萌：通“氓”。

【译文】

“我听说贤明的君主，功业建立后不会半途而废，因此被载入史册；有先见之明的人，成名后不会毁坏好名声，因此被后人称道。像先王那样报仇雪恨，削平万乘的强国，收取齐国八百年的积蓄，到他离开人世时，他的影响仍继续存在，执政的大臣们遵循法令，理顺嫡庶关系，把遗教推行到民众之中，先王的作为都可用来教育后代。

【原文】

“臣闻善作者不必善成，善始者不必善终。昔者伍子胥说听乎阖闾，故吴王远迹至于郢。夫差弗是也，赐之鸱夷[①]而浮之江。故吴王夫差不悟先论之可以立功，故沉子胥而不悔；子胥不蚤见主之不同量，故入江而不改。夫免身全功，以明先王之迹者，臣之上计也；离[②]毁辱之非，堕先王之名者，臣之所大恐也。临不测之罪，以幸为利者，义之所不敢出也。

【注释】

①鸱（chī）夷：皮囊。②离：通“罹”。

【译文】

“我听说善于开创的未必善于守成，有好的开端未必有好的结果。从前伍子胥的谏言被吴王阖闾接受，所以吴王能远征打到楚国的郢都。吴王夫差不听取伍子胥的意见，赐死伍子胥，把他装在皮口袋里，投入长江中。一开始吴王夫差不知道采纳伍子胥生前的意见可以立功业，所以把伍子胥沉入长江中也不后悔；伍子胥不能及早发现自己和君主的度量不同，因此无法改变沉江的命运。能免遭杀戮，保全功名，以此彰明先王的功绩，这是我的上策；自身遭受诋毁侮辱，因而毁坏先王的名声，这是我最害怕的事情。面对不可估量的罪责，侥幸为别国从中取利，从道义上讲，这是我所不敢做的。

【原文】

“臣闻古之君子，交绝不出恶声；忠臣之去也，不洁其名。臣虽不佞，数奉教于君子矣。恐侍御者之亲左右之说，而不察疏远之行也。故敢以书报，唯君之留意焉。”

【译文】

“我听说，古代的君子与朋友绝交时，不会说对方的坏话；忠臣逃离本国时，也不抬高自己，而嫁祸于君主。我虽然不贤能，也曾多次接受君子的教诲。我担心大王听信身边人的议论而不了解我远在赵国的行为。所以胆敢用书信作答，希望大王能够谅察这事。”

宋卫策

公输般为楚设机

【原文】

公输般①为楚设机，将以攻宋。墨子②闻之，百舍③重茧，往见公输般，谓之曰：“吾自宋闻子，吾欲藉子杀人。”公输般曰：“吾义固不杀人。”墨子曰：“闻公为云梯，将以攻宋。宋何罪之有？义不杀人而攻国，是不杀少而杀众。敢问攻宋何义也？”公输般服焉，请见之王。

【注释】

①公输般：春秋末年鲁国人，著名的能工巧匠。 ②墨子：名翟(dí)，春秋末年鲁国人，是墨家学派的创始者，主张兼爱、非攻。 ③百舍：古代一舍合三十里，百舍就是三百里。

【译文】

公输般为楚国制造攻城的器械，为楚国攻打宋国做准备。墨子得知了这件事之后，步行三百里，脚底都磨出了厚茧，去面见公输般，对他说：“我在宋国就听说了先生的大名，我想借助您去杀人。”公输般说：“我是讲道义的，决不随便杀人。”墨子说：“听说您在制造攻城用的云梯，以便楚军去攻打宋国，可是宋国有什么罪过呢？您嘴上说自己讲道义，不乱杀人，可实际上却要攻打宋国，这分明是不杀少数人而杀多数人。请问，你攻打宋国有什么道义可言呢？”公输般被说服了，请墨子觐见楚王。

【原文】

墨子见楚王[①]曰：“今有人于此，舍其文轩，邻有弊舆而欲窃之；舍其锦绣，邻有裋褐[②]而欲窃之；舍其粱肉[③]，邻有糟糠而欲窃之。此为何若人也？”王曰：“必为有窃疾矣。”

【注释】

①楚王：楚惠王。 ②裋（shù）褐：用粗布做的衣服，款式简单，方便劳作，是古代穷苦人的日常服装。 ③粱肉：精美的食物。

【译文】

墨子见到楚王，对楚王说道：“当今有这样一个人，他抛弃自己的彩车，打算偷邻居的破车；扔掉自己华丽的服装，想去偷邻居的粗布衣服；放弃自己家里的美味的食物，准备偷邻居的米糠。这是个什么样的人呢？”楚王说：“这个人一定有偷东西的癖好。”

【原文】

墨子曰：“荆之地方五千里，宋方五百里，此犹文轩之与弊舆也。荆有云梦，犀、兕、麋、鹿盈之，江、汉鱼、鳖、鼋、鼍[①]为天下饶，宋所谓无雉、兔、鲋鱼[②]者也，此犹粱肉之与糟糠也。荆有长松、文梓、楩[③]、楠、豫樟，宋无长木，此犹锦绣之与短褐也。臣以王吏之攻宋为与此同类也。”王曰：“善哉！请无攻宋。”

【注释】

①鼋（yuán）：俗称沙鳖，是鳖科动物中体型最大的一种。鼍（tuó）：中国特有的一种鳄鱼，俗称扬子鳄。 ②鲋（fù）鱼：鲫鱼。 ③楩（pián）：古书上记载的一种树。

【译文】

墨子说：“楚国的土地方圆五千里，而宋国的领土只不过五百里，这两者相比，就像彩车和破车一样。楚国有云梦泽，其中充满了犀、兕、麋、鹿等动物，长江、汉水里的鱼、鳖、鼋、鼍等是天下最多的，而宋国却是连野鸡、兔子、鲫鱼都不产的地方，这二者相比，就如同精美的饭菜和糟糠相比一样。楚国有长松、文梓、楩、楠、豫樟等名贵的树种，而在宋国连一棵大树都找不到，这两者相比，就如同锦绣和粗布短衫相比一样。因此，我认为大王去攻打宋国与此类似。”楚王说：“您说得对！我不去攻打宋国了。”

卫人迎新妇

【原文】

卫人迎新妇。妇上车，问：“骖马，谁马也？”御曰：“借之。”新妇谓仆曰：“拊骖，无笞服[①]！”车至门，扶，教送母曰：“灭灶，将失火。”入室见臼，曰：“徙之牖下，妨往来者。”主人笑之。此三言者，皆要言也，然而不免为笑者，蚤晚之时失也。

【注释】

①服：古代一辆马车最多配四匹马，在中间驾车的两匹马称为“服”。

【译文】

卫国有一个人迎娶新娘。新娘上车后，问：“两边的骖马是谁的？”车夫说：“是借来的。”新娘对仆人说：“鞭打两边的骖马，不要鞭打中间那两匹马。”马车到了新郎家门口，新娘被人扶着走下马车，她又对送她来的老妇说：“把灶里的火灭了，以防失火。”进了新房，看见捣米臼，她又说：“把它搬到窗户下面，免得妨碍人们走路。”主人嘲笑她。新娘这三句话都是很中肯的话，然而不免被人笑话，这是因为新娘刚过门就说这些，还为时过早。

中山策

阴姬与江姬争后

【原文】

阴姬与江姬[①]争为后。司马憙谓阴姬公[②]曰：“事成则有土子民，不成则恐无身。欲成之，何不见臣乎？”阴姬公稽首曰：“诚如君言，事何可豫道者。”司马憙即奏书中山王曰：“臣能弱赵强中山。”中山王悦而见之曰：“愿闻弱赵强中山之说。”司马憙曰：“臣愿之赵，观其地形险阻，人民贫富，君臣贤不肖，商敲为资，未可豫陈也。”中山王遣之。

【注释】

①阴姬、江姬：都是中山王的宠妃。②司马憙（xī）：中山国的相国。阴姬公：阴姬的父亲。

【译文】

阴姬和江姬争夺中山国王后之位。司马憙对阴姬的父亲说：“立后的事如果成功了，那么您就能够得到土地和百姓；如果不成功，那么恐怕您连自身性命也保不住。想要办成这件事，为什么不让阴姬来见臣下呢？”阴姬的父亲跪拜叩头，说：“事情如果真像您说的那样，我会事先向您道谢。”司马憙于是向中山君上书说：“臣下能够削弱赵国，强大中山国。”中山君很高兴地接见他说：“我想听听削弱赵国、强大中山国的计谋。”司马憙说：“臣下希望先到赵国，观察那里的地理形势，险要的关塞，百姓的贫富，君臣的贤明与否，敌我力量的对比，考察之后作为凭据，不能事先陈述。”于是，中山君派他去赵国。

【原文】

见赵王[①]曰：“臣闻赵，天下善为音，佳丽人之所出也。今者，臣来至境，入都邑，观人民谣俗，容貌颜色，殊无佳丽好美者。以臣所行多矣，周流无所不通，未尝见人如中山阴姬者也，不知者特以为神。其容貌颜色，固已过绝人矣，若乃其眉目准頞[②]权衡，犀角偃月，彼乃帝王之后，非诸侯之姬也。”赵王意移，大悦曰：“吾愿请之，何如？”司马憙曰：“臣窃见其佳丽，口不能无道尔。即欲请之，是非臣所敢议，愿王无泄也。”

【注释】

①赵王：赵武灵王。②頞（è）：鼻梁。

【译文】

司马憙见到赵王，对赵王说：“臣下听说，赵国是天下最擅长音律的国家，而且出产美女。这次臣下来到贵国，进入都城，观察风俗民情，看见了形形色色的人，却根本没有见到美女。臣下周游各地，从没有见过像中山国的阴姬那样漂亮的女子，不认识她的人，还以为她是仙女呢。她的容貌，绝对比那些绝代佳人还美艳，比如说她的眉毛、眼睛、鼻子，异于常人，鼻梁就像犀角一样又高又直，额骨呈半月形，分明就是帝王之后的长相，而不应该是诸侯的嫔妃。”赵王被说动了，高兴地说：“我希望得到她，怎么样？”司马憙说：“臣下私下里看她那么漂亮，不知不觉地就说出来了。您要怎么做才能得到她，这可不是臣下敢随便说的，希望大王不要向别人泄露此事。”

【原文】

司马憙辞去，归报中山王曰：“赵王非贤王也。不好道德，而好声色；不好仁义，而好勇力。臣闻其乃欲请所谓阴姬者。”中山王作色不悦。司马憙曰：“赵，强国也，其请之必矣。王如不与，即社稷危矣；与之，即为诸侯笑。”中山王曰：“为将奈何？”司马憙曰：“王立为后，以绝赵王之意。世无请后者，虽欲得请之，邻国不与也。”中山王遂立以为后，赵王亦无请言也。

【译文】

司马憙辞别了赵王，回来向中山君奏报说：“赵王不是个贤明的君主。他不喜欢道德修养，而追求淫声美色；不喜欢仁德礼义，却喜好勇武暴力。臣下听说他竟然还想得到阴姬。”中山君听后脸色变坏，很不高兴。司马憙说：“赵国是个强国，赵王想要就一定会要。大王如果不给他，那么国家就危险了；如果给他，就不免会被诸侯耻笑。”中山君说：“那该怎么办好呢？”司马憙说：“大王立阴姬为后，用来断绝赵王的念头。世上没有要别国王后的道理，虽然赵王想要，邻国也不会答应。”中山君于是立阴姬为后，赵王也就没有再提要阴姬的事了。

中山君飨都士大夫

【原文】

中山君飨都士大夫，司马子期[①]在焉。羊羹不遍，司马子期怒而走于楚，说楚王伐中山。中山君亡，有二人挈戈而随其后者，中山君顾谓二人：“子奚为者也？”二人对曰：“臣有父，尝饿且死，君下壶飡[②]饵之。臣父且死，曰：‘中山有事，汝必死之。’故来死君也。”中山君喟然而仰叹曰：“与不期众少，其于当厄；怨不期深浅，其于伤心。吾以一杯羊羹亡国，以一壶飡得士二人。”

【注释】

①司马子期：中山人。②飡（cān）：同“餐”。

【译文】

中山国国君宴请都城中的士大夫，司马子期是被邀请者之一。侍者分羊羹时，没有分给司马子期，司马子期一怒之下跑到了楚国，说服了楚王前来攻打中山国。中山国国君被逼逃亡，有两个人拿着武器跟在他身后，中山君回头对这两个人说：“你们想干什么？”那两个人回答说：“当初臣下的父亲饿得快要死了，您赏了一壶熟食给他吃。他临死时说：‘一旦中山国发生变故，你们一定要以死报答国君。’所以我们特地前来效命于您。”中山君仰天长叹，说道：“施恩不在于多少，而应该在对方最艰难的时候施予；仇怨不在于深浅，在于是否伤害了对方的心。我因为一杯羊羹亡了国，又因为一壶熟食得到了两位义士。”